Das Großelternbuch

Eva Meinerts **Das**
Großelternbuch

Ideen, Tipps und Anregungen für
fröhliche Stunden mit dem Enkelkind

Illustriert von Edda Köchl

Bassermann

Verlagsgruppe Random House FSC®-DEU-0100
Das für dieses Buch verwendete FSC®-zertifizierte Papier *Super Snowbright* liefert
Hellefoss AS, Hokksund, Norwegen.

ISBN 978-3-8094-2977-7

© 2012 by Bassermann Verlag, einem Unternehmen
der Verlagsgruppe Random House GmbH,
81673 München

© der Originalausgabe by Mosaik Verlag, einem Unternehmen
der Verlagsgruppe Random House GmbH,
81673 München

Illustrationen: Edda Köchl
Redaktion: Monika König, Alexandra Steiner
Umschlaggestaltung: Atelier Versen, Bad Aibling, nach einem Motiv von Edda Köchl
Herstellung dieser Ausgabe: Sonja Storz
Projektkoordination dieser Ausgabe: Martha Sprenger

Die Ratschläge in diesem Buch sind von Autorin und Verlag sorgfältig erwogen
und geprüft, dennoch kann eine Garantie nicht übernommen werden.
Eine Haftung der Autorin bzw. des Verlags und seiner Beauftragten für Personen-,
Sach- und Vermögensschäden ist ausgeschlossen.

Druck: GGP Media GmbH, Pößneck

Printed in Germany

116980105X817 2635 4453 6271

INHALT

LIEBE GROSSMUTTER, LIEBER GROSSVATER, LIEBE OMA UND LIEBER OPA ODER WIE IMMER SIE GENANNT WERDEN!

Eine neue Rolle ist Ihnen zugefallen – Sie sind Großeltern geworden und glücklich. Es beginnt für Sie eine der schönsten Phasen Ihres Lebens: Sie dürfen ein Kind umarmen und lieben und tragen doch nicht die direkte Verantwortung, müssen nicht für seine alltäglichen Bedürfnisse sorgen, sich nachts nicht wecken lassen und nicht über Schutzimpfungen und Ähnliches nachdenken. Wenn Sie es tun, tun Sie es freiwillig, von wenigen Ausnahmen abgesehen.

Ich versuche, mir die Großeltern von heute vorzustellen, für die ich dieses Buch geschrieben habe, und freue mich, dass sie ganz unterschiedlich sind – »Oma«, »Opa«, das ist kein feststehendes Bild mehr. Welch ein Wandel seit der Zeit unserer Großeltern! Damals glaubte man zu wissen, wie eine Oma, ein Opa auszusehen hatten und was sie tragen sollten: etwas Unauffälliges, Ordentliches, keine Sporthosen, keine Sandalen für den Großvater, nichts Kurzes, Buntes, Ausgeschnittenes für die Oma.

Es stand auch fest, wann man Großeltern wurde: wenn man alt war. Heute dagegen wird man Großeltern in den unterschiedlichsten Lebenslagen: Man steht im Beruf und weiß nicht recht, wie man die Zeit mit dem Enkelkind im Terminkalender unterbringen soll. Oder man ist Jungrentner oder Jungrentnerin mit vielerlei Interessen, man hat sich ein erfülltes Leben zwischen Verein und Ehrenamt, zwischen Familie, Sport und Reisen aufgebaut. Man ist nicht immer zu Hause. Nun

9

muss man vielleicht neue Pflichten übernehmen, das Enkelkind betreuen, um der Tochter oder dem Sohn die Rückkehr ins Studium oder in den Beruf zu ermöglichen.

Nicht jeder Mensch ist gleich im ersten Augenblick begeistert, wenn er erfährt, dass sich ein Enkelkind angekündigt hat. Manche fragen sich, ob sie nun alt sind, sie möchten an ihrem Leben nichts ändern, sie möchten keine »Oma« sein und nicht »Opa« heißen. Wenn das Ihr Fall ist: Lassen Sie sich nicht erschrecken von der neuen Rolle und erst recht nicht von dem neuen Namen. Vielleicht nennt man Sie im Familienkreis mit dem Vornamen? Dann bleiben Sie doch dabei! Ich möchte Ihnen Mut machen, Sie selbst zu bleiben und eigene Lösungen für die Großelternrolle zu suchen, sodass Sie auch darin Glück und Befriedigung finden. Eines hat sich ja nicht geändert: Wir alle möchten gute Großeltern sein, unseren Enkelkindern Liebe und Geborgenheit schenken, sie verstehen und fördern und ihnen ein Stück von uns selbst mitgeben.

Mich erreichte die Nachricht, dass ich Großmutter werden würde, an meinem damaligen Arbeitsplatz als Lehrerin in Afrika. »Ich beneide dich«, sagte meine Kollegin, »Großmutter sein, das ist der süße Nachtisch des Lebens!« Ich war mir nicht sicher, ob ich diesen Nachtisch überhaupt wollte – es klingt, als sei das Hauptgericht des Lebens gegessen und als werde eine etwas zu süße Speise nachgereicht, und so kam mir auch das Wort »Oma« vor. Nach ein paar Tagen des Nachdenkens entschloss ich mich, auf diese Anrede zu verzichten. Es schien mir, als bekäme ich dadurch mehr Spielraum, aus der neuen Rolle etwas zu machen, was zu mir passte.

Ich nahm mir vor, so viel wie möglich über das Großmuttersein zu lernen. Zurückgekehrt nach Deutschland, suchte ich nach Literatur wie zu der Zeit, als meine Kinder klein waren. Damals hatte ich mir aus Büchern über Kinderpflege und Erziehung Rat geholt, und so wollte ich es wieder tun. Doch ich fand solche praktischen Bücher für Großeltern nicht. Es gab zwar viele über das Glück, Oma zu sein, doch keines, das ein echter Ratgeber war. Da nahm ich mir vor, ein Buch zu schreiben, das beides enthält: viele praktische Tipps und Ratschläge, die einem den Alltag mit den Enkeln leicht und erfreulich machen, und Hintergrundinformationen über Chancen und Probleme der Kinder und jungen Leute heute. Hier ist es, und es ist ein Großelternbuch geworden.

Vieles ist anders geworden seit den Tagen, als unsere Kinder klein waren. Die Kinder haben sich ebenso verändert wie die Erziehung, und das Fernsehen ist zum Miterzieher geworden. Windeln werden nicht mehr gewaschen, sondern weggeworfen, das Fläschchen wird in der Mikrowelle warm gemacht …

Auch die Familie ist anders geworden, sie ist im Umbruch. »Sie wird in individuell verschiedenen Formen gelebt, und man sucht nach immer wieder neuen Lösungen im Dialog der unterschiedlichen Lebensformen«, schreibt das Familienministerium. Für Sie kann das bedeuten: Das Großelternsein wird für Sie vielleicht kein sanftes Ruhekissen werden, wer weiß, was alles auf Sie zukommt!

Vielleicht finden Sie sich bald in einer Patchwork-Familie wieder, dann nämlich, wenn Ihre Tochter oder Ihr Sohn sich mit einem Menschen verbindet, der schon Kinder mitbringt in die neue Beziehung. Dann werden Ihre Enkelkinder vielleicht mehr als zwei Omas und Opas haben. Mein Rat: Buhlen Sie nicht darum, besser angesehen zu sein bei den jungen Eltern und bei den Enkeln als die anderen Großeltern. Zeigen Sie allen

Kindern Ihre Zuneigung, und bestechen Sie sie nicht mit Geld und Geschenken. Lassen Sie sich etwas Originelleres einfallen als das!

Sie werden in diesem Buch viele Anregungen für Unternehmungen mit den Enkelkindern finden und viele praktische Tipps, wie Sie die neuen Anforderungen gelassen bewältigen können.

Sie werden ja gebraucht als Menschen, die die Generationen verbinden! Ihre Beständigkeit wird gebraucht, Ihr guter Humor und Ihre Liebe!

Ich wünsche Ihnen dafür Weisheit und Glück!

Ihre Eva Meinerts

Das leben
mit den Enkeln

DIE NAHEN GROSSELTERN – IMMER HILFSBEREIT

Die nahen Großeltern sind zu beneiden. Sie wohnen am selben Ort wie ihre Kinder und Enkel oder im selben Stadtteil, seltener mit ihnen unter einem Dach. Sie können sich freuen, in engem Kontakt mit ihnen zu sein, und sie können sich freuen, ihre eigenen vier Wände zu haben. Ob sie berufstätig sind oder nicht, sie werden versuchen, für die Familie da zu sein und doch ihr eigenes Leben zu leben. Vielleicht müssen sie es auch manchmal verteidigen, um sich nicht ganz vereinnahmen zu lassen.

Sie telefonieren oft mit den Enkeln und fragen nach dem Meerschweinchen, dem Fahrrad, der Freundin oder der Mathearbeit. Sie laden ein und werden eingeladen. Sie erkundigen sich, ob sie nächste Woche gebraucht werden, und sagen Bescheid, wenn sie eine Reise vorhaben. Sie freuen sich, dass sie mit Kindern und Enkeln auf so leichte und ungezwungene Weise in Kontakt sein können.

Die Enkelkinder zu betreuen ist keine leichte Aufgabe und erfordert gute Planung

Doch der Ernst des Lebens kommt auf sie zu, wenn sie gefragt werden: »Könnt ihr am Freitagabend auf die Kinder aufpassen? Wir sind eingeladen.« Oder gar: »Könnt ihr am Wochenende die Kinder nehmen? Wir wollen so gern mal verreisen.« Die nahen Großeltern prüfen ihren Terminkalender und sagen ja, freilich nicht ohne Bangen, ob auch alles klappt.

Wo soll man sie betreuen: in der Wohnung der Eltern oder bei sich?

Überlegen Sie zunächst, wo Sie die Enkelkinder betreuen wollen. Wenn die Eltern Sie nur um die Beaufsichtigung an einem Abend bitten, stellt sich die Frage nicht: Sie werden zum »Babysitten« in der Wohnung der Eltern gebraucht. Doch wenn die Eltern mehrere Tage abwesend sein wollen, lohnt es sich, genau zu überlegen, ob Sie die Enkel zu sich nehmen oder ob Sie zu ihnen hin umziehen wollen. Bleiben Sie in Ihrer eigenen Wohnung, bleibt Ihnen Ihre Bequemlichkeit erhalten, und die Enkelkinder müssen sich umstellen. Mögen sie das? Den Babys, also den Kindern unter einem Jahr, ist das noch ziemlich gleich, vor allem in den ersten Monaten. Sie müssen freilich den ganzen kleinen »Babyhaushalt« zu sich herübernehmen. Für die Kleinkinder, also die Kinder zwischen einem und sechs Jahren, ist so ein Umzug eine enorme Veränderung. Für sie ist ja die elterliche Wohnung, das elterliche Haus und seine Umgebung die Welt, die sie entdecken und in die sie hineinwachsen wollen. Ein Wechsel zu Ihnen mag dem einen Kind interessant erscheinen, während das andere darauf ängstlich und unglücklich reagiert. Die größeren Kinder sollten Sie in die Überlegung mit einbeziehen, wo Sie die gemeinsame Zeit am besten verbringen können.

Die folgenden Kapitel geben Ratschläge für beide Lösungen: für das Babysitten in der Wohnung der Eltern und für den Besuch und den Aufenthalt bei Ihnen. Die Tipps sollten Ihnen beides leichter machen.

Einladung zum Babysitten

Haben Sie ein wenig Bedenken, Ihre Enkelkinder eine Nacht lang oder während mehrerer Tage zu hüten? Das ist gut so, denn es wird Ihnen helfen, sich den Ablauf der Stunden oder Tage genau auszumalen und dann alle Einzelheiten mit der Mutter oder dem Vater der Kinder zu besprechen. So treten Sie Ihren »Dienst« gut vorbe-

»Könnt ihr euch um die Kinder kümmern?«

reitet an und haben damit die Voraussetzungen geschaffen, dass Sie mit den Enkeln schöne – wenn auch
anstrengende – Stunden oder Tage verbringen können.

Notizen machen,
eine Über-
nachtungstasche
packen

Packen Sie eine Übernachtungstasche für Ihre eigenen
Bedürfnisse, und stellen Sie sich genau vor, was Sie
brauchen werden, um es sich in der fremden Wohnung
gemütlich zu machen. Machen Sie sich Notizen über
die Routine der Kinder:

• Wann wird gegessen und was?

• Wo wird eingekauft und was? Gibt es etwas, was die
Kinder nicht vertragen (Lebensmittelallergien)?

• Was dürfen die Kinder? Wie weit dürfen sie sich vom
Haus entfernen, wie lange abwesend sein? Wann, was
und wie viel dürfen sie fernsehen?

• Welche Verpflichtungen haben die Kinder, wie kommen sie dorthin?

• Wann beginnt das Insbettgehen? Wann wird ge-
schlafen? Wann wird aufgestanden?

• Wo sind die Ersatzschnuller und die andern zum
Schlafen unentbehrlichen Dinge?

• Wo liegt die frische Wäsche der Kinder, auch die frische Bettwäsche? Wo sind die Windeln?

• Muss eins der Kinder regelmäßig Medikamente ein-
nehmen?

Wichtige
Telefonnummern
bereitlegen

Schreiben Sie auf, wann und wo die Eltern zu erreichen
sind, mit Adressen und Telefonnummern. Notieren Sie
auch die Namen und Telefonnummern von hilfsbereiten Nachbarn und von guten Freunden der Familie, die

Ihnen eventuell behilflich sein können. Wo finden Sie die Telefonnummern von Polizei, Krankenwagen, Notarzt, Giftrufzentrale und die Nummer des Kinderarztes der Familie? Wo steht der Verbandskasten, wo ist die Hausapotheke?

Das Zubettgehen und seine Probleme

Die Zeit zwischen sieben und neun am Abend ist für uns einhütende Großeltern sicher die schwierigste. Einerseits vermissen die Kinder ihre Eltern dann am meisten, andererseits kennen wir die gewohnten Familienrituale nicht genug und auch nicht die Tricks, mit denen man die kleine Bande ins Bad und ins Bett scheucht.

Ob müde oder nicht, die Kinder wollen nicht ins Bett, sie finden es nach dem Abendessen im Wohnzimmer oder in der Küche am gemütlichsten und sehen nicht ein, warum sie sich plötzlich mit dem lästigen Ausziehen, Waschen und Zähneputzen beschäftigen sollen. Sie haben wohl auch Angst, etwas Tolles zu verpassen, das sich in ihrer Abwesenheit im Wohnzimmer ereignen könnte, und so tun sie erst einmal so, als wüssten sie nicht, was Insbettgehen heißt. Damit sie sich wieder darin erinnern, kann man einen »Preis« bieten: noch ein kurzes gemeinsames Spiel oder eine Viertelstunde Fernsehen, noch ein wenig Obst, und dann ab ins Badezimmer.

Die Kinder wollen nicht ins Bett

Hier ein paar Tipps, wie man diese schwierigen zwei Stunden leichter bewältigt:

Den Tag ruhig beenden

• Lassen Sie den Tag ruhig ausklingen! Manche Kinder drehen abends noch einmal so richtig auf, rennen hin und her, ärgern die Geschwister, liefern sich Wasser- und Kissenschlachten. Auch wenn Sie fürchten, als

unsportlich oder humorlos zu gelten – machen Sie
nichts mit! Nehmen Sie ein Buch und das ruhigste Kind
auf den Schoß, und lesen Sie vor. Beobachten Sie das
Toben der andern aus den Augenwinkeln, fragen Sie
gelegentlich, welches Buch sie vorgelesen haben möchten, oder legen Sie eine Hörspiel- oder Märchenkas-
sette ein. Tun Sie jedenfalls alles, damit die Geister sich
abkühlen und zur Ruhe kommen.

• Wenn Sie nur an diesem Abend da sind oder nur für
ein paar Tage babysitten, dann machen Sie sich um die
Sauberkeit Ihrer Enkel nicht zu viele Sorgen. Vielleicht
sind die Kinder an ein abendliches Bad gewöhnt, vielleicht waschen sie sich selbst – ganz gleich wie: Halten
Sie die so erreichte Sauberkeit für ausreichend, doch
bestehen Sie auf dem Zähneputzen. Kleinere Kinder
lassen sich dabei meist gern helfen.

• Wenn die Schlacht im Badezimmer eine Weile ge-
dauert hat, holen Sie sich wiederum das ruhigste der
Kinder, bringen Sie es ins Bett, und beginnen Sie mit
dem Vorlesen. Auf Dauer wird den andern die Toberei
zu viel, und sie werden auch bald eintrudeln.

• Und wer räumt auf im Kinderzimmer? Vielleicht
schaffen Sie es, dass alle dabei mitmachen, doch nehmen
Sie's nicht so genau. Sie können sich freuen, dass Sie dieses heikle Erziehungskapitel nicht zu bearbeiten haben.

Auch mal
großzügig
sein
• Seien Sie großzügig mit den Schlafarrangements, die
die Kinder vorschlagen. Da will eins beim andern im
Bett liegen, eins auf der Couch schlafen – warum nicht?
An diesem Großelternabend ist ja sowieso manches ungewöhnlich.

• Seien Sie auch großzügig mit der Schlafenszeit. Man
kann kaum sagen, wie viel Schlaf ein Kind »normalerweise« braucht; die Unterschiede von Kind zu Kind

und auch von Woche zu Woche, von Tag zu Tag sind
groß. Wenn ein Kind noch nicht einschlafen, sondern
noch länger spielen will: Wenn es dazu im Kinderzimmer bleibt und die andern nicht stört – erlauben Sie's!
Haben Sie keine Angst, eine schlechte Sitte einzufüh-
ren. Mit Ihnen ist es allemal eine Ausnahmesituation.

• Schaffen Sie Ihre eigenen kleinen Schlafrituale, damit
die Kinder wissen, wie das Zubettgehen mit Ihnen ab-
läuft. Vielleicht gelingt es sogar, dass sie sich darauf
freuen.

Endlich, so glauben Sie, ist Ruhe eingekehrt. Die Lam-
pen sind gelöscht (oder auch nicht: Manche Kinder
schlafen nur bei Licht ein), die Türen bleiben einen
Spalt offen, damit Sie ein Ohr auf das Kinderzimmer
haben können. Sie machen sich ans Aufräumen von
Badezimmer, Küche, Wohnzimmer, dann endlich sitzen
Sie gemütlich im Sessel und legen die Beine hoch – da
geht die Tür auf, und eine verschlafene Stimme sagt:
»Oma, ich kann nicht schlafen!« Bleiben Sie so ruhig

Wenn man sich
endlich hin-
gesetzt hat,
heißt es plötzlich:
»Oma, ich kann
nicht schlafen!«

und großzügig wie bisher, sagen Sie: »Das ist nicht schlimm. Fehlt dir denn etwas? Sonst leg dich hier im Wohnzimmer hin.« Vermeiden Sie die endlosen Rituale: Ich habe Durst. Mir tut der Kopf weh. Ich hab schlecht geträumt. Lassen Sie sich so wenig wie möglich auf Aktionen ein, auf Ursachenforschung und dergleichen. Damit müssen sich die Eltern beschäftigen.

Und was tun Sie mit dem Kind im Wohnzimmer? Wenn Sie wollen, dass es bald einschläft, müssen Sie den Fernseher ausmachen und sich ganz still verhalten. Lesen Sie die Zeitung oder Ihr Buch. Was Sie bestimmt nicht tun sollten: zusammen fernsehen oder sich mit dem Kind beschäftigen, mit ihm reden, nach seinen Träumen fragen und so weiter. Sie müssen es ganz in Ruhe lassen. Wenn es eingeschlafen ist, können Sie es in sein Bett zurücktragen oder es dorthin begleiten, es wird rasch weiterschlafen.

Was tun, wenn aus dem Schlafzimmer Weinen ertönt?

Was nun aber, wenn aus dem Schlafzimmer Weinen ertönt? Sie werden sich zunächst Sorgen machen, die anderen Kinder könnten geweckt werden, doch schlafen sie meist weiter, als seien sie Störungen gewöhnt. Reden Sie dem weinenden Kind gut zu, und versichern Sie ihm, dass Sie bei ihm bleiben, bis es wieder eingeschlafen ist. Das ist zwar unbequem, aber es hilft. Holen Sie sich Ihr Buch (das Licht, das Sie zum Lesen brauchen, wird das Kind nicht stören), machen Sie es sich so bequem wie möglich, und nehmen Sie's leicht. Nur holen Sie das Kind nicht aus dem Bett! Es ist fast unmöglich, es hineinzulegen, ohne dass es wieder zu weinen anfängt.

Doch wenn ihm wirklich etwas wehtut? Sie sollten jetzt nicht an all die schrecklichen Krankheiten denken, die Kinder bekommen können, denn es ist allzu unwahrscheinlich, dass das just an diesem Abend geschieht. Streicheln Sie den kleinen Bauch, sanft und im Kreis, im Uhrzeigersinn, damit können Sie Bauchschmerzen lindern. Wenn das Kind von Husten geplagt wird, geben Sie Hustentropfen oder warme Milch mit Honig. Warten Sie bis zum Morgen, ob das Unwohlsein vorübergeht. Sonst sollten Sie die Eltern informieren oder, wenn das nicht möglich ist, den Kinderarzt um Rat fragen (siehe auch Seite 250 ff.).

Der nächste Tag beginnt früh

Der nächste Tag wird früh beginnen, wenn Sie nicht zu später Stunde von den Eltern abgelöst worden sind, sondern die Kinder mehrere Tage lang betreuen. Wenn Sie fühlen, dass kurze Nächte mit wenig Schlaf, Tage voller Krach und Anspannung und die große Verantwortung zu viel für Sie sein werden, dann sagen Sie lieber ab. Babysitten ist wirklich sehr anstrengend für Opa und Oma. Und auch die nahen Großeltern, die immer nach Kräften verfügbar sein wollten, können nicht mehr einsetzen als eben diese Kräfte.

Nehmen Sie von vornherein in Kauf, dass Ihre Nächte kurz sein werden

21

Es geht gleich
munter los ...

Stehen Sie also früh genug auf, ehe die Kinder aufwachen, denn gleich geht es los mit Windeln wechseln, Fläschchen geben, Frühstück machen, Kleider suchen, Schulranzen packen, Pausensnacks vorbereiten. Das geht vielleicht so weiter bis neun Uhr, bis auch das Kindergartenkind das Haus verlassen hat. Dann endlich können Sie sich einen zweiten Kaffee gönnen, die Morgenzeitung lesen und feststellen, dass Sie schon fast einen ganzen Tag ohne Katastrophen bewältigt haben, jedenfalls den schwierigsten Teil davon.

Wie der Tag nun
weitergehen kann

Wie der Tag nun weitergeht, hängt ganz von den Gegebenheiten ab, die Sie vorfinden: vom Alter der Kinder, von ihrer Anzahl und vor allem davon, ob Sie Schul- oder Ferientage miteinander verbringen. Wenn Schulzeit ist, brauchen Sie sich um ein »Programm« nicht zu kümmern: Die Schulkinder haben viel vor und erwarten von Ihnen in erster Linie, dass der Haushalt in gewohnter Weise läuft. Machen Sie sich nicht zum Hauspersonal, wenn Sie nicht gerne Hausarbeit für Ihre Kinder machen. Erklären Sie vielmehr, dass Sie zwar gern da sind, um nach dem Rechten zu sehen, doch dass Sie die Mithilfe der Kinder brauchen.

Das Baby kommt zu Besuch

Die ersten Besuche Ihres Enkelkindes werden keine besonderen Anforderungen an Sie stellen – genießen Sie es! Das Baby wird auf dem Arm von Mutter oder Vater seinen Einzug bei Ihnen halten und nichts weiter beanspruchen als einen Platz für seine Tragetasche. Darin kann es liegen und bewundert werden, und dann braucht es noch einen zweiten Platz, wo es sein Schläfchen hält, und alle werden glücklich sein. Doch ein mehrtägiger Besuch des Babys ohne seine Eltern erfordert größere Vorbereitungen.

Beginnen Sie Ihre Vorbereitung damit, die Gewohnheiten des Babys und seinen Tagesablauf in Ihrer Wohnung in Gedanken einmal durchzuspielen. Daraus werden sich viele Fragen ergeben. Notieren Sie sich am besten, was alles überlegt sein muss.

Große Vorbereitungen sind nötig

Sie werden sicher versuchen, möglichst vieles so zu machen, wie das Kind es von zu Hause her gewohnt ist. Es ist ratsam, dass Sie sich einige Teile der Babyausstattung, wie Hochstuhl oder Babywippe, Autositz und natürlich den Kinderwagen, bei den Eltern ausleihen. Sie können gemeinsam eine Liste darüber aufstellen, was die Eltern Ihnen mit dem Baby »mitliefern« sollen. Lassen Sie sich alle Handgriffe fürs Füttern, Wickeln, Baden und so weiter noch einmal zeigen, wenn sie Ihnen nicht wirklich vertraut sind. Denken Sie auch an die Auf- und Zusammenklappmechanismen von Kinderwagen, Hochsitz und dergleichen und an die Schnappschlösser der Sicherheitsgurte!

Besprechen Sie die Einzelheiten des Aufenthaltes rechtzeitig mit den Eltern

Ist es nötig, die Wohnung mehr als nur sorgfältig zu reinigen, also zum Beispiel mit Desinfektionsmitteln, bevor das Baby bei Ihnen einzieht? Nein, man ist längst davon abgekommen, den Babys eine sozusagen keimfreie Umgebung zu schaffen. Sie müssen sich ja in eine

Braucht das Baby eine »keimfreie« Umgebung?

normale Umwelt eingewöhnen und lernen, mit Keimen, Bakterien und dergleichen fertig zu werden.

Essen und Trinken

Wo soll das Baby essen und trinken, gewaschen und gewickelt werden, spielen und schlafen?

• Wo wollen Sie das Baby füttern?

• Wie und womit wird es ernährt?

• Was kann und darf es essen?

• Was isst es gern, was mag es nicht?

• Wann wird es gefüttert?

• Wird es nach dem Essen hochgenommen, um aufzustoßen?

• Trinkt das größere Baby aus der Flasche oder aus dem Becher?

• Wird es mit dem Löffel gefüttert, isst es gern selbst?

• Wird es im Hochstuhl oder in der Babyschale angeschnallt?

• Wie werden die Flaschen und Sauger gereinigt?

Waschen und Wickeln

• Wo wollen Sie das Baby waschen und wickeln?

• Stoff- oder Einmalwindeln – die bringen die Eltern mit.

• Wann und wie oft wird es gewickelt?

• Wie wird es gebadet, gewaschen, eingecremt, geölt und gewickelt?

• Wenn Ihr Enkel öfter bei Ihnen ist, halten Sie am besten einen Vorrat an Pflegeprodukten parat.

Spielen

• Wo kann das Baby spielen? Auf einer Decke auf dem Fußboden?

• Wie kann man es davor schützen, herunterzurollen oder davonzukriechen?

• Hat es einen Laufstall (Ställchen), den Sie bei sich aufstellen können?

• Oder eine Babywippe, einen Autositz, von dem aus es Ihnen bei Ihren Arbeiten zugucken kann?

• Was ist sein Lieblingsspielzeug?

• Wie viel Zuwendung ist das Baby gewohnt?

• Wird es gleich auf den Arm genommen, wenn es weint?

Ausgehen

• Wie oft kommt das Baby an die frische Luft?

• Was muss es dazu anziehen?

• Schläft es mittags im Freien?

• Können Sie zu Fuß zum Einkaufen mit dem Kinderwagen gehen?

- Müssen Sie das Auto nehmen? Denken Sie daran, dass Sie das Baby gesichert transportieren müssen.

Schlafen

- Wo soll das Baby schlafen, allein oder in Ihrem Schlafzimmer?

- Wie schläft es, auf dem Bauch oder auf dem Rücken?

- Hat es einen Schlafsack? Bringt es seine eigene Bettdecke mit?

- Soll das Fenster geöffnet sein?

- Wann schläft es gewöhnlich?

- Welches sind seine Einschlafrituale?

- Braucht es einen Schnuller, ein Stofftier zum Schlafen?

- Was tun, wenn es nicht einschläft, sondern weint?

Sie haben Gelegenheit, den kleinen Menschen kennen zu lernen. Machen Sie sich Notizen darüber

Wenn Sie nun alles gut durchdacht und vorbereitet haben, liegen dennoch aufregende Stunden und Tage vor Ihnen, aber auch glückliche. Sie werden Gelegenheit haben, Ihr Enkelkind wirklich kennen zu lernen, viel besser als bei den Besuchen in der Wohnung der Eltern. Sie werden etwas vom Charakter dieses kleinen Menschen entdecken: ob er impulsiv oder nachdenklich, forsch oder schüchtern, durchsetzungsfähig oder ängstlich ist. Legen Sie doch ein Heft an, und tragen Sie am Abend, wenn Sie eigentlich schon ganz müde sind, noch ein, was Ihnen heute aufgefallen ist und was Sie zusammen getan haben. Besser noch: Nehmen Sie dafür ein hübsches Büchlein, in das Sie auch in Zukunft kleine Bemerkungen eintragen, kleine Beobachtungen oder Zitate. Die großen Enkelkinder lieben es, wenn Sie ihnen aus ihrer eigenen Vergangenheit etwas vorlesen, und Sie selbst werden später, wenn Sie vielleicht schon Urgroßmutter oder -vater sind, mit Vergnügen darin lesen.

Mit dem Baby den Tag verbringen

Nehmen wir an, der erste gemeinsame Tag beginnt mit dem Frühstück, das Sie »nach Vorschrift« zubereitet haben. Für das Füttern lassen Sie sich Zeit. Bleiben Sie ruhig und entspannt dabei, auch wenn nicht alles glatt läuft. Ihre Ruhe hilft dem Baby, Sie als seine Ersatzmutter zu akzeptieren. Setzen Sie sich in einen bequemen Sessel, wenn Sie die Flasche geben, und stützen Sie den Arm auf die Lehne oder ein Kissen, damit Ihnen das Kind nicht zu schwer wird. Legen Sie ein Handtuch oder dergleichen für überfließende Milch zurecht.

Nehmen Sie sich viel Zeit für alles, besonders für das Füttern

Wenn das Kind nicht mehr weitertrinken möchte oder wenn es mehr trinken will als die »Vorschrift« besagt, richten Sie sich nach ihm. Das Kind wird in den Tagen, die es bei Ihnen verbringt, nicht verhungern und auch kein Fettsack werden. Auch bei Babys wechselt der Appetit.

Heben Sie das Kind eine Weile an, wenn es getrunken hat, für den Fall, dass die mitgeschluckte Luft aus seinem Bauch entweichen will.

Zum Füttern mit dem Löffel werden Sie lieber in der Küche bleiben, wo Möbel und Wände leichter gereinigt werden können. Binden Sie dem Kind ein großes Lätzchen um, und seien Sie humorvoll und geduldig, wenn es versucht, selbst zu essen. Halten Sie auch kleine Brot-, Bananen- oder Apfelstückchen bereit, die das

Kind selbst essen kann. Das wird beruhigen, wenn es sehr hungrig und ungeduldig ist.

Reden Sie viel mit dem Kind

Reden Sie viel mit dem Kind, auch wenn es noch ein Baby ist, erzählen Sie ihm, was Sie tun oder wie Sie es früher gemacht haben, oder erzählen Sie eine Geschichte – dieser sprachliche Kontakt ist wichtig für die intellektuelle und soziale Entwicklung des Kindes! Sie werden auch bald merken, dass es Ihnen auf seine Weise antwortet, und versucht, Laute zu bilden. Tun Sie nun nicht das Gleiche, reden Sie nicht in der Babysprache, sondern in normaler, freundlicher Redeweise.

Soll das Kind vor dem Essen gewickelt werden oder danach? Beides hat seine Vor- und Nachteile. Viele Kinder machen gerade während des Essens ihre Windel nass oder voll, sodass es zweckmäßiger ist, ihnen erst nach dem Essen eine frische zu geben. Manche Kinder spucken aber viel Milch aus, wenn man sie nach dem Essen hin- und herdreht, wie es beim Windelwechsel unvermeidlich ist. Unter diesen Gesichtspunkten sollten Sie auch entscheiden, ob Sie das Baby vor oder nach dem Essen baden.

Legen Sie sich alles Nötige zurecht für das Baden und Wickeln

Das Wickeln ist natürlich im Badezimmer am praktischsten, wo Sie fließendes Wasser für die Reinigung zur Hand haben. Für ein paar Tage tut es zur Not auch eine Decke, die Sie auf einen Tisch oder aufs Bett legen oder auf den Fußboden – vorausgesetzt, Sie haben einen gesunden Rücken. Wenn Sie sich für Tisch oder Bett entscheiden, denken Sie unbedingt daran, wie leicht auch ein noch so kleines Baby sich überraschend umdrehen und herunterfallen kann! Darum legen Sie vorher alles in Reichweite: Wasser, Seife und Lappen, Handtuch, Creme, frische Windeln, frische Kleidung.

Babys müssen nicht jeden Tag gebadet werden. Wenn Ihr Besuch nur kurze Zeit bei Ihnen bleibt, ist es nicht nötig, dass Sie für das Baby eine Badegelegenheit einrichten, sorgfältiges Waschen kann dann genügen.

Freilich lieben die meisten Kinder das Baden, und so können auch Sie Spaß daran haben, vorausgesetzt, Sie sind nicht ängstlich dabei. Erinnern Sie sich noch, wie man ein Baby beim Baden hält? Sonst lassen Sie es sich von den Eltern zeigen – es ist wirklich keine Kunst!

Ein kleines Baby schläft wahrscheinlich ein Stündchen am Vormittag und lässt Ihnen Zeit für ein paar Handgriffe im Haushalt, ehe es sein Mittagessen verlangt. Wenn es nicht schläft, nehmen Sie es überall mit hin, wo Sie Ihre Arbeit tun. Legen Sie es so ab, dass es Ihnen dabei zuschauen kann, ohne herunterzufallen oder unter das Bett zu robben. Wenn die Eltern dem Baby eine Babyschale mitgegeben haben, in der es sicher sitzt und aus einer erhöhten Position heraus allem zuschauen kann, werden Sie froh darüber sein. (Ganz gefahrlos sind diese praktischen Liegesitze allerdings nicht, ein größeres Baby kann damit umkippen oder vom Tisch herunterrutschen!) Geben Sie ihm öfter ein neues Spielzeug in die Hand, das es ohne Gefahr hin- und herwenden, anschauen, in den Mund stecken und runterwerfen kann, das kann auch der Schneebesen sein oder ein glänzender Löffel. Und haben Sie immer ein Tuch zur Hand – aus Babys läuft öfter etwas heraus!

Was immer Sie tun, lassen Sie das Baby dabei sein

Am Nachmittag, wenn die Babys am muntersten sind, werden Sie vielleicht nach draußen gehen und Einkäufe, einen Besuch oder einen Spaziergang machen, oder Sie bleiben auf dem Balkon oder im Garten und legen das Kind auf eine Decke. Es ist an allem interessiert, was sich bewegt, es schaut auch gerne zu, wenn andere Kinder spielen. Deshalb ist es eine gute Idee, zusammen einen Spielplatz zu besuchen, auch wenn das Enkelkind noch zu klein ist, um im Sandkasten zu spielen.

Wir gehen aus!

Für die Spielstunde im Haus brauchen Sie Klötzchen und Holz- oder Plastiktiere, etwas zum Rollen, wie einen Ball, etwas zum Schieben und Ziehen, wie Autos, Wagen oder eine Wackelente, Papier zum Zerknüllen, einen Satz Becher, aus dem man einen Turm bauen kann, vielleicht noch einen Kasten mit verschieden geformten Löchern, in die man die passenden Stücke hineinsteckt. Gefährlich sind alle sehr kleinen Gegenstände, die sich das Baby in die Nase, die Ohren und in den Mund stecken kann. Schauen Sie auch zusammen in den Spiegel, machen Sie Musik, »Hoppe-hoppe, Reiter« und Fingerspiele (siehe auch Seite 203 ff.). Sie werden merken, dass das Kind eigentlich seinem eigenen Plan folgt, dass es sich aber freut, wenn Sie in der Nähe sind und sich immer wieder etwas Neues einfallen lassen.

So wird es Abend, Zeit für die kleinen Einschlafrituale. Was tun Sie, wenn Ihr Enkelkind weint und nicht einschlafen will? Sie können nichts tun als es beruhigen und trösten, es auf den Arm nehmen und hin- und hertragen, ihm dabei Gegenstände zeigen oder den Mond, ihm ein Lied singen oder leise zureden und hoffen, dass der Kummer vorübergeht. (Wenn Sie aber den Eindruck haben, das Kind sei krank, siehe Seite 250 ff.)

Das Kleinkind kommt zu Besuch

Kleinkinder, vor allem die Kinder zwischen einem und drei Jahren, sind vielleicht die anstrengendsten Gäste. Sie können überallhin gelangen, sie wollen alles anfassen, untersuchen, erforschen und verstehen doch erst sehr wenig von den Gefahren dieser Welt. Sie lassen sich durch vernünftige Erklärungen nicht davon abhalten, beim nächsten Mal doch wieder auf das Balkongitter zu klettern. Deshalb erfordert ihr Besuch eine besonders sorgfältige Vorbereitung.

Das kindersichere Haus

Manches von dem, was ich vorschlage, mag Ihnen übertrieben erscheinen, aber bedenken Sie zweierlei:

Es ist die Mühe wert, das Haus kindersicher zu machen

• Vergleichen Sie die Mühe, die es macht, im Voraus alle Sicherheitsmaßnahmen zu ergreifen, mit dem Unheil, das entstehen kann, wenn Sie es nicht tun. Es ist die Mühe wert!

• Stellen Sie sich vor, Sie werden plötzlich abgehalten, das Kind zu beaufsichtigen, weil es an der Haustür klingelt oder weil irgendwo etwas mit Gedröhn zu Boden fällt. Sie müssen das Kind einen Augenblick allein lassen. Dann spätestens wird Ihnen einfallen, was alles passieren kann. Der Gedanke, das Nötigste für die Sicherheit getan zu haben, wird Sie ein wenig beruhigen.

1. Prüfen Sie alle Stellen in der Wohnung oder im Haus, von denen aus ein Kind herunterfallen kann, wie Treppen, Fenster, Balkone. Sprechen Sie mit den Eltern über mögliche Sicherheitsmaßnahmen.

Gehen Sie die Checkliste durch

2. Gitter können eine Gefahrenquelle sein, zum Beispiel am Balkon, im Treppenhaus, wenn sie älter sind und noch nicht den heutigen Normen entsprechen, nach denen der Abstand der Stäbe nicht mehr als sieben Zentimeter betragen darf. Kinder lieben es, den Kopf hindurchzuzwängen, können ihn aber, einmal in Panik, nicht mehr zurückziehen.

3. Sichern Sie alle Steckdosen, zum Beispiel durch die kleinen Plastikplättchen, die man hineindrückt. Sie finden sie in jedem Elektrogeschäft und in der Elektroabteilung der Warenhäuser.

4. Verwahren Sie Alkohol, Zigaretten und Medikamente an Stellen, die auch ein herumkletterndes Kind

nicht erreichen kann, oder in verschlossenen Schränken.

5. Verwahren Sie Putzmittel und andere Chemikalien so, dass Kinder nicht herankommen.

6. Achten Sie immer darauf, dass die Griffe von Töpfen und Pfannen auf dem Herd nach hinten gekehrt sind und vom Kind nicht erreicht werden können.

7. Das gilt ebenso für Kaffeemaschinen und Heißwasserbereiter: Schieben Sie sie ganz nach hinten auf die Arbeitsplatte, sodass auch ein kletterndes Kind sie nicht über sich gießen kann.

8. Seien Sie besonders vorsichtig, wenn Sie heißes Wasser, heiße Getränke, heißes Essen transportieren oder herumreichen.

9. Plastiktüten außer Reichweite aufbewahren, damit das Kind sie nicht über den Kopf ziehen und ersticken kann.

Vorsicht mit scharfen, spitzen und heißen Dingen

10. »Messer, Gabel, Schere, Licht sind für kleine Kinder nicht«, hieß es früher. Tatsächlich können auch kleine Kinder geschickt damit umgehen, wenn man sie anleitet. Für unbeaufsichtigte Kinder aber sind sie gefährlich.

11. Hängen Sie dem Kind nichts um den Hals, keinen Schnuller, kein Spielzeug, es kann sich in einem unbeaufsichtigten Moment damit erdrosseln.

12. Entfernen Sie die Schlüssel aus den Zimmertüren, um sich die unangenehme Situation zu ersparen, dass das Kind sich eingeschlossen hat und die Tür nicht mehr öffnen kann. Wenn das Enkelkind die Toilettentür hinter sich zuschließen möchte, versichern Sie ihm, dass Sie es gewiss nicht stören werden, auch wenn die Tür unverschlossen ist.

13. Verzichten Sie auf allzu glänzend-glatte Böden, auf denen ein herumrennendes Kind ausgleiten kann. Aus dem gleichen Grund nehmen Sie rutschende Teppiche aus dem Weg oder legen ein Schaumstoffgitter darunter, das ein Verrutschen verhindert.

14. Entfernen Sie lose elektrische Kabel, wie die Telefonschnur oder die Zuleitung zur Stehlampe, über die das Kind fallen kann. Befestigen Sie sie eventuell mit Klebeband.

15. Verzichten Sie auf elektrische und Gas-Heizgeräte, soweit sie nicht unter der Decke angebracht sind, wenn ein Kleinkind im Haus ist.

16. Für spitze Möbelecken gibt es im Fachhandel spezielle Kunststoffaufsätze, die die Verletzungsgefahr reduzieren.

17. Vasen, Porzellanfiguren, Aschenbecher, Gläser, freistehende Plastiken sind in Gefahr, wenn ein Kleinkind durch die Wohnung tollt; sie sind aber auch eine Gefahr für das Kind, das sich daran verletzen kann.

18. Auf Tischdecken sollte man während des Besuchs eines Kleinkindes verzichten, damit es sie nicht herunterreißt.

19. Lassen Sie niemals ein Kind mit einem Hund allein, und sei es der freundlichste Familienbegleiter! Auch Katzen können Babys gefährlich werden, wenn sie sich über sie legen und sie ersticken.

20. Hof und Garten müssen eingezäunt sein, wenn das Kind dort spielen soll; die Türen müssen einen Riegel haben. Gartengerät ist gefährlich, wenn man es herumliegen lässt, ebenso Pflanzendünger und -gift. Manche Pflanzen (auch Zimmerpflanzen!) sind giftig, Näheres

Machen Sie auch Hof und Garten kindersicher

wissen die Gärtner. Lassen Sie niemals ein Kleinkind allein in einem Garten mit Wasserbecken! Es genügen wenige Zentimeter Wasser, dass ein Kind darin ertrinken kann. Sichern Sie die Regentonne.

Diese Liste klingt erschreckend. Wenn man sie liest, wird einem bewusst, dass kleine Menschen wohl nicht dazu erschaffen wurden, in unseren gut eingerichteten, hoch technisierten Wohnungen aufzuwachsen, sondern eher in einer »Höhle« ohne Steckdosen, Türschlüssel und Tischdecken. Darum ist es so schwierig, eine Wohnung kindersicher zu machen.

Mit dem Kleinkind den Tag verbringen

Wenn uns ein Kind für mehrere Tage besuchen kommt, unterbricht es unseren Lebensrhythmus ganz beträchtlich. Wir wollen das gern in Kauf nehmen, doch soll uns der Besuch nicht ganz erschöpft zurücklassen. Gute Vorbereitung macht die Mühen überschaubarer. Lesen Sie bitte, was oben über den Besuch eines Babys und die Vorbereitungen gesagt ist (siehe Seite 23 ff.). Für das Kleinkind gilt, je nach Alter, mehr oder weniger das Gleiche, doch müssen Sie auch noch an die Sicherheitsmaßnahmen denken, denn das kleine Kind kann überallhin gelangen. Und haben Sie immer eine große Tüte mit Windeln und ein paar Bekleidungsstücken im Haus, die Sie gelegentlich gegen größere Stücke austauschen. Ein paar Strümpfchen, Hemdchen, zwei Unterhosen, Pullover und Hosen können die Situation retten, wenn ein Malheur passiert ist.

Zunächst liegt noch eine schwierige Aufgabe vor dem Kind und vor Ihnen, nämlich der Abschied von den Eltern. Bestehen Sie von Anfang an darauf, dass die Eltern sich verabschieden und erklären, was sie vorhaben und wie lange sie wegbleiben werden, damit das Kind sich nicht betrogen fühlt. Eine große Abschiedszeremonie sollte man freilich vermeiden. Doch was immer Sie tun – die Wahrscheinlichkeit ist groß, dass Sie mit einem heulenden, schreienden, scheinbar untröstlichen Kind zurückbleiben. Aber es wird sich beruhigen, ganz bestimmt.

Den Trost durch Süßigkeiten sollten wir nicht anwenden, denn es kann zu einer schlechten Angewohnheit werden, schwierige Situationen mit Süßigkeiten bewältigen zu wollen. Überlegen Sie im Voraus, was Sie in dieser Situation tun können: dem Baby ein musikalisches Spielzeug schenken, die Musik anstellen und mitsingen; gemeinsam in der Küche mit Töpfen und Schneeschlägern Lärm machen oder einen Turm aus Töpfen und Dosen bauen. Mit den Größeren ist es hilfreich, in den Garten oder zum Spielplatz zu gehen oder ihnen etwas vorzulesen, um vom Trennungsschmerz abzulenken.

Was kann man tun, um den Trennungsschmerz zu mildern?

Nun sind Sie also schließlich mit dem kleinen Wesen allein und freuen sich auf den engen Kontakt, den Sie haben werden, da merken Sie: Sie verstehen es gar nicht! Das Kind hat seine eigene Sprache entwickelt, die die Eltern verstehen, von der Sie aber kaum eine Ahnung haben. Vielleicht können Ihnen die Eltern eine Einführung in das Babydeutsch geben. Sie brauchen nicht auch in diese Sprache zu verfallen, das Kind versteht Sie ganz gut, wenn Sie sich normal ausdrücken. Es denkt auch nicht, dass es unverständlich redet, sondern meint, es gebrauche die gleiche Sprache wie Sie. Korrigieren Sie seine Sprache nicht, es lernt von ganz allein, wie man besser spricht. Nach ein paar Tagen werden Sie sich eingehört haben, und es wird klappen mit der Verständigung.

Sie werden lernen, die Sprache des Kindes zu verstehen

Was das Essen anbelangt, so haben Kleinkinder ihre ganz bestimmten Vorstellungen, ihre Vorlieben und

Abneigungen. Hinzu kommt, dass sie vielleicht Heimweh haben, wenn sie zu Besuch sind, und das schlägt ihnen auf den Appetit. So ist es nicht leicht, ihnen etwas Gutes zu kochen. Sie lassen sich oft gnädig stimmen, wenn Sie das Essen schön anrichten, aus Erbsen ein Gesicht auf den Kartoffelbrei legen oder das geschnittene Obst nett arrangieren. Überhaupt Brei! Viele kleine Kinder sind bereit, Gemüse zu essen, wenn es zu Brei oder Mus zerkleinert wurde.

Vor allem: Kochen Sie gemeinsam, und lösen Sie damit das ewige »Das mag ich nicht!« in Luft auf. Nehmen Sie sich die Zeit, die die Eltern des Kindes oft nicht aufbringen können, um aus dem Essenkochen eine gemeinsame Unternehmung zu machen. Sie gehen zusammen einkaufen, bereiten die Zutaten gemeinsam vor und verfolgen das Kochen. Schon Dreijährige können Obst und Gemüse schneiden. Wenn Ihnen das aber zu gefährlich vorkommt, beginnen Sie mit einem kalt angerührten Nachtisch, zum Beispiel einer Quarkspeise mit zerkleinertem Obst und Schokoladenstreusel (zu Essensproblemen siehe auch Seite 66 ff.).

Obwohl sich Kleinkinder auch erstaunlich lange selbst beschäftigen können, sollten Sie sich schon vorher überlegen, was Sie tun können, wenn sie doch »quengelig« werden sollten. Um Ihre Fantasie anzuregen, finden Sie ab Seite 125 sehr viele Vorschläge für Aktivitäten im Haus und draußen.

Sie werden kein großes Spielzeugsortiment anschaffen wollen (siehe dazu Seite 107 ff.). Bitten Sie die Eltern, dem Kind sein derzeit liebstes Spielzeug mitzugeben. Wenn Sie Geld ausgeben können und wollen, entschließen Sie sich schon jetzt, einen Satz Bausteine anzuschaffen, mit dem die Kinder jahrelang spielen werden, vor allem dann, wenn sie bei Ihnen ein anderes System vorfinden als zu Hause.

Hoffentlich haben Sie irgendwann einmal eine Post-
kartenschachtel angelegt! Damit können die Kinder
lange spielen, sei es, dass sie die Karten »sortieren«,
Interessantes ausschneiden oder sich von Ihnen erzählen lassen, was die Bilder bedeuten.

*Postkarten-
schachtel*

Wenn Sie damit rechnen, dass dieses Enkelkind und
seine Geschwister öfter bei Ihnen sein werden, dann
räumen Sie ihm eine Spielecke ein, in der es sein ge-
wohntes Spielzeug immer wieder finden kann. Das gibt
ihm Sicherheit und die Gewissheit, dass es auch bei
Ihnen zu Hause ist. Bald wird es jedes Mal, wenn es zu
Ihnen kommt, diesen Platz ansteuern und das Spiel
vom letzten Mal wieder aufnehmen, ehe es Lust auf
etwas Neues bekommt.

*Sehr beliebt: die
Spielecke*

Was findet sich sonst noch, womit ein kleines Kind
spielen kann? Es kann mit Töpfen, Backformen und
Küchengerät spielen und Krach damit machen, es kann
leere Pappschachteln ineinander setzen und wieder
auseinander nehmen. Vor allem wird es Ihre Wohnung
erforschen wollen, und ich rate Ihnen: Lassen Sie es zu!
Sie haben die Wohnung sicher gemacht, nun kann sie
zum Erfahrungsfeld des Kindes werden.

*Auch ganz
alltägliche
Gegenstände
sind spannend*

Nehmen Sie das Kind dahin mit, wo Sie Ihre Arbeit ver-
richten: ins Bad, ins Schlafzimmer, in die Küche, und lassen Sie es Erfahrungen machen mit Nass und Trocken,

*Nehmen Sie
das Kind überall
mit hin*

Spitz und Stumpf, Warm und Kalt. Es soll auch entdecken, dass es gefährliche Dinge gibt, dass Nadeln stechen und Herdplatten brennen. Ein größeres Kind wird Ihnen helfen wollen bei allem, was es zu tun gibt, und auch da rate ich Ihnen: Lassen Sie es zu!

Knüpfen Sie
Kontakte zu den
Nachbarskindern

Vielleicht gibt es in der Nachbarschaft Kinder gleichen Alters, die zum Spielen kommen möchten? Auch ältere Kinder haben oft Freude daran, mit Kleineren zu spielen. Wenn auf diese Weise eine Freundschaft zustande kommt, gibt es für Ihr Enkelkind einen Grund mehr, sich auf den Besuch bei Ihnen zu freuen.

Baden und Schlafen

Ein Tipp für das Händewaschen: Stellen Sie eine Fußbank vor das Handwaschbecken, damit sich das Kind selbst waschen kann.

Baden ist
ein Riesenspaß

Es ist nicht nötig, dass Kinder jeden Tag baden, aber es macht ihnen Spaß, deshalb ist es ein guter Beginn für das Zubettgehen. So ein Bad kann leicht eine halbe Stunde dauern, wenn Sie lange genug dabei ausharren, wenn das Badezimmer warm ist und sie immer wieder warmes Wasser in die Wanne nachlaufen lassen. Spielsachen gehören dazu, Enten, Fische, Boote und wenigstens zwei Becher, mit denen man Wasser schöpfen, hin- und hergießen und viele Experimente machen kann. Das Vergnügen lässt sich noch steigern mit Strohhalmen zum Bubbeln und ausrangierten Plastikflaschen zum Füllen und Spritzen. Verlassen Sie niemals das Badezimmer, solange kleine Kinder in der Wanne sitzen!

Mit dem Kind
das »Selber-
machen« üben

Anziehen und ausziehen will das Kind vielleicht selbst machen lernen, auch flechten, mit der Schere schneiden, eine Schleife binden und so weiter. Bei Ihnen hat es die Chance, das zu üben, Sie können es anleiten, ihm viel Zeit dazu lassen und es ermutigen. Nehmen Sie sich fest vor, nichts ungeduldig selbst zu machen, sondern nur hilfreich zur Seite zu stehen, solange das Kind Interesse am Selbermachen zeigt.

In der fremden Wohnung ins Bett zu gehen, einzuschlafen, durchzuschlafen und aufzuwachen ist für ein Kind keine leichte Aufgabe. Zeigen Sie ihm, wo Sie schlafen, um seine Ängste zu verringern. Hoffentlich sind alle Bettgenossen von zu Hause mitgekommen: das Kissen, die Decke, das Plüschtier, der Schnuller und was sonst noch alles zum Einschlafritual gehört. Setzen Sie sich ans Bett, und lesen Sie eine lange Geschichte vor – das wird beim Einschlafen helfen. So werden auch Sie schließlich die wohlverdiente Ruhe bekommen.

Mit Kindern im Straßenverkehr

Kinder sind dem heutigen Straßenverkehr nicht gewachsen. Das ist eine Tatsache, an die überlastete Mütter, ehrgeizige Väter und unbekümmerte Kinder oft nicht denken. Vorsichtige Großeltern werden es tun. Sie sollten wissen, welche Gefahren die Kinder in den unterschiedlichen Lebensaltern besonders bedrohen.

Mit Babys im Straßenverkehr

Kinder im ersten Lebensjahr nehmen passiv am Straßenverkehr teil, doch sind auch sie schon gefährdet. Für ihren Schutz gilt:

• Im Auto muss das Baby laut polizeilicher Vorschrift in einem speziellen Babyliegesitz gut befestigt sein.

• In den Bus oder die Bahn werden Sie das Baby in seinem Kinder- oder Sportwagen mitnehmen. Fixieren Sie den Wagen mit seiner Bremse, sobald Sie eingestiegen sind, und halten Sie ihn zusätzlich mit einer Hand fest.

• Vermeiden Sie Hauptverkehrsstraßen, wenn Sie mit dem Kinderwagen umhergehen. Das Kind ist in seiner niedrigen Höhe den schädlichen Abgasen von Autos und Lastwagen besonders stark ausgesetzt.

Mit Kindern zwischen einem und drei Jahren im Straßenverkehr

Die Kinder zwischen einem und drei Jahren sind durch ihr spontanes Handeln besonders gefährdet – sie laufen über die Straße, wenn sie auf der anderen Seite Mutter oder Vater sehen, sie laufen davon, wenn sie Angst bekommen vor einem Hund oder etwas Interessantes sehen. Deshalb müssen Sie sie fest an der Hand halten. Schon in diesem Alter sollten Sie mit ihnen die wichtigsten Regeln einüben und anwenden:

• Wo immer es möglich ist, geht man an einer Ampel oder einem Fußgängerüberweg über die Straße.

- Über die Straße geht man zügig, ohne Rennen und ohne Trödeln.

- Wo es keinen gesicherten Fußgängerüberweg gibt, schaut man in Ruhe nach links, dann nach rechts und wieder nach links, ehe man über die Straße geht. Aber auch an Fußgängerüberwegen oder Fußgängerampeln muss man gut nach rechts und links schauen, bevor man losmarschiert.

- Nicht zwischen parkenden Autos auf die Straße laufen, weil man von den Autofahrern nicht rechtzeitig gesehen wird.

- Nicht zu nahe am Bordstein gehen, nicht mit einem Fuß unten, einem Fuß oben.

Sie werden die Kleinen auf diese Weise noch nicht zu geübten Verkehrsteilnehmern machen; es geht zunächst nur darum einzuüben, dass die Straße ein besonderer Raum ist, der ein besonderes Verhalten erfordert.

Die Kinder zwischen drei Jahren und dem Schulalter wollen selbstständig werden, und das bringt sie manchmal in Gefahr. Sie wollen nicht mehr brav an der Hand von Opa oder Oma bleiben; sie kennen den Weg zum Spielplatz und zum nahen Bäcker und möchten allein dorthin gehen, und man kann es ihnen nicht verbieten. Mit ihnen müssen Sie die oben stehenden Verkehrsregeln ernsthaft einüben. Ebenso müssen sie vor dem ersten Alleingang jeden Weg einüben und dann noch einmal durchsprechen. Ganz wichtig ist das eigene Vorbild: Bleiben Sie selbst mit dem Kind, auch wenn Sie es mal eilig haben, immer bei Rot stehen, und benutzen Sie immer die Fußgängerüberwege. Wenn die Kinder in die Schule kommen, sollen sie die Regeln für Fußgänger kennen – und beherrschen. Aber welches kleine Kind hält sich immer an die Regeln?

Zwischen drei Jahren und dem Schulalter wollen Kinder selbstständig werden

Und dann das Fahrradfahren! Mit ihren kleinen Rädern bewegen sie sich im Verkehr, als wären sie erwachsene Verkehrsteilnehmer, dabei können sie noch nicht einmal die Entfernung eines Autos und seine Geschwindigkeit richtig einschätzen. Um die Gefahr zu verringern, müssen Kinder unter acht Jahren an Straßenübergängen absteigen. Außerdem dürfen sie nur auf dem Bürgersteig fahren, wo sie leider manchmal den Fußgängern gefährlich werden. Die Vorschrift sagt, dass sie klingeln müssen, wenn Fußgänger auf ihrem Weg sind. Außerdem müssen sie immer einen Helm tragen.

Mit Kindern im Auto

Für die Mitnahme von Kindern im Auto gibt es eine sehr genaue Vorschrift:

Im Auto fahren alle Kinder bis zu 150 cm Körpergröße immer in speziell für ihr Alter entworfenen und zugelassenen Kindersitzen, davon ausgenommen sind Kinder ab zwölf Jahren, die kleiner sind. Sie müssen also diese Sitze anschaffen oder sie sich für jede Fahrt ausleihen. In meiner Stadt vermittelt die Polizei den Tausch oder Verkauf von gebrauchten Kindersitzen.

Wenn Sie mit Kindern längere Strecken fahren wollen, planen Sie etwa jede Stunde eine Pause ein. Lassen Sie alle aussteigen, und bewegen Sie sich, auch wenn die anderen Leute »komisch gucken«. Um Ball zu spielen, sind die Autobahnparkplätze allerdings zu eng, dafür müssten Sie von der Autobahn abfahren, aber Verstecken um das Auto herum kann man spielen. Vor der Weiterfahrt wechseln alle die Plätze.

Toben, schreien und raufen sind im Auto einfach nicht erlaubt, weil es zu gefährlich ist. Wenn Sie allein mit den Kindern unterwegs sind, erklären Sie ihnen, dass sie weder Krach machen noch sich streiten dürfen, weil es Sie vom Verkehr ablenken könnte. Für die Beschäftigung der Kinder während der Fahrt siehe auch Seite 191 ff.

Ein Schulkind kommt zu Besuch

Die Schulkinder stehen irgendwo zwischen dem Kleinkind und dem Erwachsenen, sie sind je nach Lust und Laune, nach Neigung oder Abneigung, nach Tages- oder Stundenform bald eher wie kleine Kinder, bald eher wie Erwachsene. Machen Sie sich also auf beide Möglichkeiten und das weite Feld, das dazwischenliegt, gefasst, und bereiten Sie sich auf beides vor.

»Opa, was soll ich machen?«

Überlegen Sie sich ein Programm (siehe auch Seite 52 ff.). Natürlich beteiligen Sie Ihre kleinen Besucher anschließend an der Auswahl und Festlegung dieser Programmpunkte, aber Sie müssen schon im Voraus erkundet haben, was in den kommenden Tagen an Ihrem Ort alles möglich ist und geboten wird, damit Sie Vorschläge machen können.

Für Abwechslung sorgen

Beginnen Sie mit einer »Besichtigung«, zeigen Sie dem Enkelkind Ihre Wohnung oder Ihr Haus bis in alle Ecken hinein, und erzählen Sie dazu, was Ihnen die einzelnen Gegenstände bedeuten, woher sie stammen, wer sie angeschafft und früher benutzt hat. Wenn Sie sich Zeit dafür nehmen und sich leiten lassen von den Nachfragen des Kindes, schaffen Sie diesen Programmpunkt »Besichtigung« nicht auf einmal – umso besser! Besichtigen Sie zusammen auch den Hof, den Keller und den Garten, und schauen Sie sich da ebenfalls jeden Winkel an. Wenn es nicht gerade regnet, können Sie die Besichtigung in der unmittelbaren Nachbarschaft fortsetzen. Sie machen einen Rundgang zum

Spielen Sie mal »Hausbesichtigung«

43

Briefkasten und zum Lebensmittelladen, zum Zeitungs-
kiosk, zur Bushaltestelle und zum Spielplatz, und wenn
der Besuch das nächste Mal kommt, tun Sie noch einmal das Gleiche. Vielleicht sind unterdessen Veränderungen eingetreten, auf jeden Fall ist es gut, wenn die
Vertrautheit mit Ihrem Umfeld wiederhergestellt wird.

Haben Sie schon Kontakt mit Nachbarsfamilien auf-
genommen, die Kinder in etwa dem gleichen Alter haben? Wenn Sie schon angekündigt haben, dass Sie den
Besuch eines Enkels erwarten, dann können Sie bei
diesem ersten Rundgang vielleicht auch dort kurz vor-
beischauen und die Nachbarskinder zu einem gemeinsamen Nachmittag einladen – in der Hoffnung, dass
sich gegenseitige Sympathie einstellt. Übrigens sollten
Sie nicht versäumen, am Ende die Nachbarskinder zu
einer Abschiedsfete einzuladen, damit dieser Besuch
für beide Seiten in guter Erinnerung bleibt und sich alle
auf das nächste Mal freuen.

Hier noch einige Tipps für den Besuch von Ihren Enkelkindern:

• Fragen Sie gleich am Anfang, wie die Kinder sich
ihren Besuch vorstellen – lange im Bett liegen, schmö-
kern, faulenzen oder viel unternehmen, etwas kennen
lernen, etwas erleben? Wenn Sie sich genau an diese

Wünsche halten, kann der Besuch natürlich eintönig werden, aber ernst nehmen sollten Sie sie schon.

• Fragen Sie sie, ob sie nicht einmal selbst etwas kochen oder backen wollen, und machen Sie ihnen Mut, es zu versuchen. Vielleicht reizt es gerade auch die Jungen, in einer anderen als der gewohnten Umgebung eine andere Rolle »auszuprobieren«. Bieten Sie nicht mehr Hilfe an, als erbeten wird, und lassen Sie sie machen, lassen Sie sich überraschen, und seien Sie großzügig beim Zurverfügungstellen Ihrer Küche.

• Halten Sie etwas bereit, was man zerlegen kann, ein altes mechanisches Gerät zum Beispiel, das Sie längst wegwerfen wollten oder vom Flohmarkt mitgebracht haben, etwas zum Aufziehen wie Uhr, Wecker oder Armbanduhr. Oder ein ausgebautes Türschloss mit Schlüssel! Es ist eine spannende Beschäftigung, so etwas zu zerlegen und in das Innere einzudringen.

• Sammeln Sie gute Ideen für diese Besuche! Blättern Sie nicht mehr über die Kinderseiten hinweg, die Sie in der Zeitung und in Zeitschriften finden, in den Gratisheften aus der Apotheke und in den Mitgliederbroschüren Ihrer Krankenkasse. Überfliegen Sie sie wenigstens, und was Ihnen gefällt, legen Sie in eine Mappe. Damit haben Sie einen Schatz origineller Ideen, der Ihnen aus mancher Verlegenheit helfen kann.

Nur sonntags für die Enkel da sein

Wenn Sie berufstätig sind, werden Sie Ihre Enkelkinder nicht so oft sehen wie die oben geschilderten »nahen Großeltern«, doch haben Sie die Chance, wunderbare Sonntagsgroßeltern zu werden. Das kann freilich nur glücken, wenn Ihnen diese schöne Rolle nicht erst am

Sonntagmorgen wieder einfällt, sondern wenn Sie schon während der Woche gelegentlich darüber nachdenken, was Sie miteinander anfangen können. Versuchen Sie herauszufinden, wie das Wetter werden wird, und schauen Sie in die Zeitung und auf die Plakate, was man für den Sonntag ankündigt an Kinderfesten, Zirkusvorstellungen, Floh- und Jahrmärkten, Theater- und Kinovorführungen und so weiter (siehe auch Seite 132 ff.).

Die Sonntags-
großeltern sollten
die Kinder
nicht allzu sehr
verwöhnen

Treten Sie nicht in Konkurrenz mit anderen Großeltern, die vielleicht mehr Zeit oder Geld haben, sondern machen Sie aus den gemeinsamen Sonntagen etwas Originelles, Besonderes. Wenn Sie merken, dass Sie nicht immer gebraucht werden, weil die Eltern selbst etwas unternehmen wollen, weil die Kinder eigene Pläne haben, weil die anderen Verwandten an der Reihe sind – seien Sie nicht gekränkt! Sie wollen der Familie ja eine erfreuliche Hilfe sein und nicht die Oma und Opa, die wir jetzt endlich mal wieder besuchen müssen!

Was tun, wenn man nicht zum Zuge kommt?

Wenn Sie merken, dass Sie so nicht zum Zuge kommen, sollten Sie vielleicht fragen, ob Sie am Sonntag in vier Wochen etwas gemeinsam unternehmen können. Wenn der Termin von allen akzeptiert ist, würde ich den Sonntag ein bisschen großartig vorbereiten, mit Einladungen an jedes Kind und Vorschau auf das »Programm« (das nicht unbedingt großartig, sondern vielmehr originell sein sollte), mit Hinweisen auf die Bekleidung (Backschürze, Rucksack, Verkleidung), auf andere Eingeladene, wie Puppen, Bären, Freunde und so weiter, oder Sie erklären schriftlich, dass es sich um einen Überraschungstag handelt. Strapazieren Sie auch Ihre Fantasie, nicht nur Ihren Geldbeutel!

Leichter ist ein Sonntag mit nur einem Kind

Überlegen Sie, ob es nicht sinnvoller ist, die Kinder nacheinander einzuladen. Das gibt Ihnen die Chance, jedes besonders gut kennen zu lernen, und dem Kind die Chance, sich als etwas Besonderes zu fühlen. Das kann freilich nur glücken, wenn Sie sich auf die Interessen dieses Kindes wirklich einlassen und nicht ein Programm machen, bei dem Sie allein Ihre Interessen verfolgen. Nicht alle Museen sind für Kinder interessant, wie sehr Sie auch wünschen mögen, sie dafür zu erwärmen, und Wandern erscheint den Kindern zunächst oft langweilig.

Vielleicht freuen sich alle ab und an über eine Einladung zum Sonntagsmittagessen, eventuell mit anschließendem Kaffeetrinken? Das klingt sehr traditionell, doch diese großen gemeinsamen Essen festigen den Familienzusammenhalt und machen ihn für alle deutlich. Gerade Kinder brauchen die Erfahrung, in einer größeren Gemeinschaft aufzuwachsen als nur in der Kleinfamilie.

Traditionell, aber reizvoll: die Einladung zum Sonntagsmittagessen

Soll das Essen zu Hause oder im Restaurant stattfinden? Das hängt zunächst von der Größe Ihres Esstischs und Ihres Geldbeutels ab, nicht so sehr vom Alter der Kinder, denn einen Kinderhochstuhl hat heute fast jedes Restaurant. Das Mittagessen zu Hause müssen Sie natürlich so vorbereiten, dass Sie nicht ganz erschöpft und abgehetzt am festlichen Tisch auf Ihren Stuhl niedersinken.

Von Vorteil ist das Essen zu Hause, weil Sie die Kinder mit einbeziehen können in das Dekorieren des Tisches. Rechnen Sie nicht damit, dass sie die ganze Zeit am Tisch sitzen bleiben, das fällt allen Kindern schwer. Besser legen Sie in einer Ecke gleich ein paar Spielsachen bereit, als dass Sie sich die gemeinsamen Stunden mit ständigen Ermahnungen zum Stillsitzen verderben. Im Restaurant, wo Sie den Tisch vorbestellen sollten, können Kinder ihr Lieblingsgericht bestellen, zum Beispiel Pommes – nur das Warten auf das Essen kann der ganzen gemischten Gesellschaft zur Qual werden. Bedenken Sie das im Voraus, nehmen Sie genug Malutensilien mit, ein paar Autos oder ein paar Bücher, damit die Kinder beschäftigt sind und die Erwachsenen ins Gespräch kommen können. Je älter die Kinder werden, umso lieber hören sie mit einem Ohr zu, bis sie eines Tages an den Gesprächen teilnehmen. Hoffentlich verstehen wir Großeltern es dann, auf die Meinungen unserer Enkelkinder einzugehen und ihnen zu zeigen, dass sie uns wichtig sind!

DIE FERNEN GROSSELTERN – IMMER IN KONTAKT

Fast die Hälfte aller Großeltern wohnt nicht am selben Ort wie die Enkel oder nicht mit allen Enkeln am selben Ort. Für sie stellt sich die Frage, wie sie aus der Ferne mit ihren Enkelkindern in Kontakt bleiben können.

Wenn Sie weit von Ihrem Enkelkind entfernt wohnen und nicht hoffen können, es öfter zu sehen, sollten Sie auf jeden Fall ein paar nicht zu kleine Fotos hinsenden (vielleicht schon im Rahmen und zum Aufhängen) und auch eine Kassette mit einer Geschichte, die Sie erzählen, oder ein paar Kinderliedern, die Sie vorsingen, wie es dem Alter entspricht. Sie möchten ja, dass Sie dem Kind bekannt werden und dass es Ihre Bilder und Ihre Stimmen bis zum Wiedersehen nicht ganz vergessen hat. Nach dem nächsten Besuch senden Sie ein neues Foto, auf dem Sie alle zu sehen sind, sodass es sich selbst und Sie wieder erkennen kann.

Senden Sie ein Foto, schicken Sie Briefe oder E-Mails

Selbst Kinder von unter zwei Jahren werden Ihre Stimme am Telefon wieder erkennen und vielleicht Ihren Namen nennen. Dem älteren Kind können Sie einfache Fragen stellen: ob es heute im Kindergarten war oder ob das Wetter schön ist und es draußen spielen kann und so weiter. Überlegen Sie sich schon im Voraus solche Fragen, die leicht zu beantworten sind, denn über

Sie können übers Telefon in Kontakt bleiben

49

»ja« und »nein« kommen die Kleinen anfangs nicht hinaus. Doch sie merken, dass Sie Anteil nehmen an ihrem Leben, und dann kann es Ihnen passieren, dass das Telefon klingelt und der Dreijährige ins Telefon stottert, er sei eben (zum ersten Mal) auf dem Dreirad gefahren – wie schön, wenn er möchte, dass Sie's wissen!

Geschenke, die eine tägliche Verbindung herstellen

Es gibt ein paar Geschenke, die eine tägliche Verbindung zu Ihrem entfernten Enkelkind schaffen, zum Beispiel:

• eine kleine, weiche Kuscheldecke

• ein kleines Kissen aus ganz leichten Daunen mit ein paar schönen Bezügen

• ein eigenes Ess- und Trinkgeschirr, also Teller und Becher

• ein eigenes Kinderbesteck. Lassen Sie, wenn Sie es mögen, den Namen des Kindes eingravieren.

Geschenke zum Geburtstag, zu Advent und Weihnachten

Sicher haben Sie die Geburtstage der Enkelkinder notiert und melden sich mit einem Glückwunsch und Geschenk. Sie können noch mehr Interesse zeigen, indem Sie einen Kuchen beisteuern, selbst gebacken und rechtzeitig verschickt oder bei einem nahen Bäcker bestellt.

Beim Kindergeburtstag macht das großen Eindruck, und wenn Sie sich mit der Mutter abgesprochen haben, ist es für sie eine Entlastung.

Wahrscheinlich haben Sie ein kleines Repertoire von Weihnachtsplätzchen, die Sie immer gebacken haben, solange Ihre Kinder noch klein waren. Fangen Sie früh mit dem Backen an, und schicken Sie die Plätzchen, in einer schönen Dose verpackt, den Kindern und Enkelkindern rechtzeitig zum ersten Advent.

Es gibt mittlerweile eine wahre Adventsgeschenkeflut, so als habe sich die Weihnachtsgeschenkeflut bis zum 1. Dezember hin ausgebreitet, und die Frauenzeitschriften sind voll immer neuer Ideen, wie man in der Adventszeit die Kinder verwöhnen kann. Sie müssen sich fragen, ob Sie damit in Konkurrenz treten wollen. Aber vielleicht ist Ihre Adventskette, für die Sie lange schon kleine Geschenke zusammengetragen haben, doch etwas ganz Besonderes? Nehmen Sie eine schöne Murmel, einen besonderen Radiergummi, ein witziges Seifchen, Aufklebebilder, Stempel, Gummitiere, einen romantischen Weihnachtsbaumschmuck und anderes, was klein ist und nicht teuer, verpacken Sie die Sachen für jedes Kind in ein besonderes Papier, umwickeln Sie jedes Päckchen mit einer Schnur, und knüpfen Sie alle an ein breites rotes Seidenband, das in der Wohnung der Kinder aufgehängt wird, hoch genug

Die Adventskette wird viel Begeisterung auslösen

51

entfernt von der Neugier der Neugierigen. Jeden Morgen darf nun ein Kind sein Päckchen abschneiden, beneidet von den andern, die noch bis morgen oder übermorgen warten müssen.

Schreiben Sie! Auch wenn weder Weihnachten noch Geburtstag ist: Schreiben Sie! Schreiben Sie Postkarten von Ihrem Wohnort und von Ihren Reisen, an das Kind adressiert, auf denen Sie erläutern, was Interessantes darauf zu sehen ist. Schreiben Sie Postkarten mit Hunden oder Pferden darauf, oder mit Osterhasen, was immer Sie mit dem Enkelkind teilen möchten, und schreiben Sie vielleicht einen Kindervers dazu. Nach meiner Erfahrung werden diese Karten, an das Kind adressiert und nach seinen Interessen ausgewählt, sorgfältig studiert und aufbewahrt.

Schreiben Sie Briefe, in denen Sie erzählen, was Sie tun, und illustrieren Sie sie mit Fotos oder Zeichnungen. Schreiben Sie Briefe mit »Inhalt«: mit Aufklebern, Zeitungsausschnitten zu Themen, die die Kinder interessieren, mit Witzen oder Karikaturen. Vielleicht bekommen Sie dann auch einmal eine Karte oder einen Brief als Antwort und Dank!

In den Ferien zu den Großeltern

Bei den Feriengroßeltern verbringt man die Ferien oder einen Teil davon – und das ist manchmal schön, manchmal langweilig.

Planen Sie im Voraus, damit die Ferien nicht langweilig werden Eine Woche Besuch bei Opa und Oma kann lang sein, wenn es keine Nachbarskinder gibt und man noch nicht auf eigene Faust etwas unternehmen kann, wenn es kein Freibad in der Nähe gibt, wenn man keine Fahrradausflüge und Exkursionen macht, wenn man nicht zusammen Bücher anschaut oder Geschichten

vorgelesen bekommt, kurzum, wenn die Großeltern diese Tage nicht im Voraus gut durchdacht haben. Beginnen Sie mit der Planung von »Tisch und Bett«, mit der Frage, wie man die Wohnung kindersicher macht und so weiter, und überlegen Sie sich dann, was man alles zusammen tun kann. Denn diese Besuchszeit soll ja gerade ganz besonders schön, erlebnisreich und harmonisch sein und eine lang dauernde Erinnerung an die gemeinsamen Ferien stiften.

Denken Sie daran, dass Kinder sich gern bewegen. Planen Sie also genug Zeit ein für Schwimmbäder, Spielplätze und Ausflüge. Unternehmen Sie die Ausflüge möglichst nicht nur mit dem Auto, sondern auch zu Fuß, mit dem Fahrrad, dem Bus oder der Bahn, so wird schon der Weg zum Abenteuer.

• Wenn Sie noch alte Kleider und Hüte haben, können Sie sich gemeinsam damit amüsieren. Noch größer wird das Vergnügen, wenn Sie ein Karnevals-Schminkset anschaffen, mit dem die Kinder sich das Gesicht bemalen dürfen (wenn keine Allergien bekannt sind).

Einige Anregungen für abwechslungsreiche Ferientage

• Sitzen Sie zusammen auf dem Sofa und lesen Sie vor, schauen Sie alte Fotoalben an, auf denen der Vater oder die Mutter als Kind zu sehen sind, und erzählen Sie Geschichten dazu.

• Schauen Sie auch Bücher an, die für Erwachsene gedacht sind: Reise-, Kunst- und Fotobücher, und nehmen Sie sich die Zeit, alles zu erklären, alle Fragen zu beantworten.

• Wenn Ihnen die Bibel etwas bedeutet, schauen Sie sich auch mal eine Kinderbibel oder eine Bilderbibel an. Sprechen Sie über das, was die Bilder sagen, und das, was Sie glauben. Gehen Sie gemeinsam in Kirchen, wo solche Bilder zu finden sind, und vielleicht zu einem Familiengottesdienst. – Es sollte selbstverständlich sein, dass Sie nicht gegen die Einstellung der Eltern handeln.

• Kochen Sie gemeinsam alle Lieblingsessen, backen Sie gemeinsam, und machen Sie Marmelade, die das Kind mit nach Hause nehmen kann.

• Gehen Sie in der Stadt einkaufen, und genießen Sie es, ein Eis zu essen und den Leuten zuzuschauen.

Auch mal ein Auge zudrücken

• Seien Sie großzügig mit den Schlafenszeiten; es kann ja ruhig einmal spät werden am Abend und spät auch am Morgen.

• Tun Sie nicht zu viel! Lassen Sie auch Frieden und Behaglichkeit einkehren.

- Zum Abschluss der gemeinsam verbrachten Zeit können Sie vielleicht eine Collage basteln, die Erinnerungsstücke von allen Erlebnissen vereint (siehe auch Seite 239 f.). Viele weitere Ideen finden Sie auf den Seiten 199 ff.

Mit Oma und Opa auf Reisen

Die Großeltern verreisen mit ihrem Enkelkind, eine Unternehmung, die etwas von Luxus an sich hat. Das fängt schon beim Zimmer an: Natürlich ist es viel preisgünstiger, ein gemeinsames Zimmer zu beziehen, aber bei größeren Kindern sollten Sie vielleicht den Ausflug lieber verkürzen und sich getrennte Zimmer gönnen.

Planen Sie die Reise lange genug im Voraus, um Sonderangebote nutzen zu können! Außerhalb der Hauptreisezeit bieten Städte und Hotels Sonderkonditionen für Wochenendreisen an. Im Hotelpreis ist dann vielleicht der Besuch des hauseigenen Schwimmbads eingeschlossen, oder das Verkehrsamt bietet Wochenendtickets für die Straßenbahn, eine Stadtrundfahrt und so weiter. So können Sie die Kosten verringern.

Wählen Sie möglichst die Bahn für die Reise – das ist für die Kinder vermutlich ungewohnt und so viel interessanter! Reservieren Sie rechtzeitig. Wenn Sie andere nicht stören wollen, wählen Sie das Mutter-und-Kind-Abteil.

Für die Autofahrt denken Sie auch an ein feuchtes Handtuch zum Abwischen von Gesicht und Händen, an Klopapier und an eine Plastiktüte – für den Abfall und für alle Fälle. Dass Sie oft Pausen machen müssen, versteht sich von selbst. Berücksichtigen Sie bei der Planung, dass die Pausen häufiger und länger sein werden, als Sie es gewohnt sind, und dass die Fahrt deshalb länger dauern wird (siehe auch Seite 42).

Die Bahn hat Sonderangebote!

Wohin Sie
auch reisen,
berücksichtigen
Sie die Wünsche
des Kindes von
Anfang an

Wohin verreisen? Eine Stadt ist für eine Kurzreise das Beste, ans Meer, wenn das Kind noch keinen großen Hafen gesehen hat, in die Berge, wenn es dort noch nicht gewesen ist, in die Hauptstadt oder eine Stadt jenseits der Grenze, die das Erlebnis des Fremden bietet. Was immer Ihnen einfällt: Beziehen Sie das Kind in die Planung mit ein, senden Sie ihm Informationen im Voraus, richten Sie sich nach seinen Wünschen! Und reisen Sie nicht umher, sondern bleiben Sie an einem Ort, sonst lösen sich alle neuen Eindrücke ins Unbestimmte auf.

Noch ein kleiner Tipp: Nehmen Sie ein paar einfache unbedruckte Postkarten mit, wie man sie im Postamt kauft, und bitten Sie Ihr Enkelkind, sie zu bemalen. Vielleicht findet es das Postkartenschreiben langweilig, doch malen wird es gerne, und so lösen Sie das Problem »Du musst doch noch an die andere Oma schreiben!« auf angenehme Weise.

VOM
RICHTIGEN UMGANG
MIT DEN ENKELN

Mit Ängsten fertig werden

Angst vor dem Löwen, Angst um die Erde, Angst vor dem Tod

Neulich, als Kinder und Kindeskinder um den Tisch saßen, habe ich sie gefragt: Wovor habt ihr Angst gehabt, als ihr klein bzw. kleiner wart? Christiane (39) hatte als Kind Angst vor einem dreirädrigen Lieferwagen, der oft am Haus vorbeifuhr, Angst bis in die Träume hinein. Susanne (37) sagte, sie habe vor einem großen Schornstein Angst gehabt, der in der Nähe eines Hauses stand, in dem sie als Zweijährige eine Weile einquartiert war. Sie hatte dann immer wieder ganz kurz zu dem Schornstein hingeschaut, bis sie sich an ihn gewöhnt und die Angst überwunden hatte. Gerd (42) hatte Angst, dass ein Wolf unter seinem Bett sein könnte, und musste oft noch in der Nacht wieder nachschauen, ob da auch wirklich keiner war. Katrin (8) hatte, als sie kleiner war, Angst, dass eine Kuh ins Kinderzimmer kommen könnte. Der Vater musste mit ihr jeden Abend aus dem Fenster schauen, um festzustellen, dass keine Kuh in der Nähe war. Robert (5) hatte letzte Nacht geträumt, dass Raumschiffe ins Kinderzimmer geflogen kamen und Pfeile auf ihn abschossen. Manuel (3) hat Angst vor allem, was Krach macht, denn er hat sein erstes Jahr in einem Haus verbracht, das in der Einflugschneise von Düsenjägern lag. Ich selbst hatte als Kind viel Angst vor Feuer, nachdem ich einmal an einer Tankstelle knapp einem Brand entgangen war.

Auch Therapeuten haben es herausgefunden

Ich vergleiche diese Angstberichte mit dem, was Therapeuten herausgefunden haben, und sehe, es läuft auf dasselbe hinaus:

• Es gibt nichts, wovor kleine Kinder nicht Angst haben könnten.

• Schlimme Erfahrungen, wie bei Manuel und mir, prägen ein spezifisches Angstprofil.

• Man überwindet die Angst, indem man sie bearbeitet, wie Susanne es getan hat.

• Eltern können Kindern dabei helfen, die Angst zu bearbeiten, wie im Fall von Katrin.

• Kein Kind wächst ohne Ängste auf – das müssen Eltern und Großeltern bedenken, wenn sie sich bemühen, Angst machende Filme oder Erlebnisse von den Kleinen fern zu halten.

Die Angst gehört zur Grundausstattung des Menschen, und vieles von dieser Urerfahrung haben uns unsere Vorfahren, die Steinzeitmenschen, vererbt. So erschrecken wir vor Dunkelheit und Feuer, vor lauten Geräuschen und großen Tieren. Großmütter sind oft ganz bestürzt, wenn sie mit so einer Urangst bei ihrem etwa acht Monate alten Enkelkind konfrontiert werden. Bis dahin war das kleine Wesen freundlich zu allen, die Großmutter bezog das auf sich selbst, und nun plötzlich, im zweiten Lebenshalbjahr, brüllt das Kind, wenn sie sich ihm nähert. Das Kind hat einen Entwicklungsschritt vollzogen, es hat gelernt zu erkennen, wer seine Nächsten sind, und erschrickt vor allem Fremden. Seien Sie nicht bestürzt, wenn das Kind plötzlich fremdelt, sondern nur ein wenig vorsichtig und behutsam, nähern Sie sich ihm nicht allzu spontan, bis es sich auch an Sie gewöhnt hat und Sie zu seiner engeren Familie zählt.

Bei unserer Familien-Blitzumfrage wurden die irrealen Ängste gar nicht angesprochen, aber sie gehören mit in den Angstkatalog: die Monster, Gespenster, Teufel, Hexen und Vampire. Doch die haben wenig Realität am hellen Mittag, im Familienkreis; sie kommen hervor, wenn es Nacht ist, wenn man allein ist im Haus ...

Angst gehört
zum Menschsein

Angst vor
Monstern und
Gespenstern

Angst begleitet uns alle und durch unser ganzes Leben hindurch, nur haben wir gelernt, damit zu leben, und wir haben unsere eigenen Mechanismen, damit fertig zu werden. Wer das nicht lernt, kann zwanghafte Reaktionen entwickeln, greift zu Alkohol oder Drogen, flüchtet sich in Krankheiten. Weil wir unseren Enkelkindern helfen wollen, zu ausgeglichenen, selbstsicheren Menschen heranzuwachsen, wollen wir ihnen helfen, mit ihren Ängsten fertig zu werden.

Was hilft? Vertrauen in die eigene Kraft hilft – und Vertrauen zu den Menschen, die uns nahe stehen. Für die Kinder sind das die Eltern, ihre Verlässlichkeit, ihre Fähigkeit, mit Bedrohungen fertig zu werden. Gut ist es, wenn zu diesen Vertrauenspersonen noch eine zuverlässige Großmutter, ein zuverlässiger Großvater hinzukommen.

Kinder haben Angst vor Krieg, Unglücksfällen und Katastrophen. Vielleicht hilft es ihnen, wenn sie Großeltern haben, die von schwierigen Situationen erzählen können, die sie gemeistert haben. Sie lernen von ihnen, dass das Leben lebbar ist.

Die Erde gemeinsam schützen Kinder haben Angst um die Erde. Sie nehmen Meldungen über Umweltkatastrophen, das Ozonloch, das Waldsterben mit geschärften Sinnen auf und machen sich Sorgen. Auch wenn Sie diese Sorgen teilen, verstärken Sie nicht die Ängste Ihrer Enkel! Tun Sie etwas gemeinsam für den Umweltschutz, selbst wenn es Ihnen banal erscheinen mag: Bringen Sie Papier zum Container, sammeln Sie Müll am Waldrand auf, erzählen Sie von Ihrem Engagement für die Erhaltung der Umwelt. »Tun Sie etwas und zeigen Sie den Kindern, was sie tun können. Ersetzen Sie Hilflosigkeit durch Hoffnung. Erzählen Sie auch von Erfolgen im Umweltschutz«, las ich in einem amerikanischen Großmutterbuch, und dort wurde auch darauf hingewiesen, dass diejenigen, die jeder Mode folgen und schnell be-

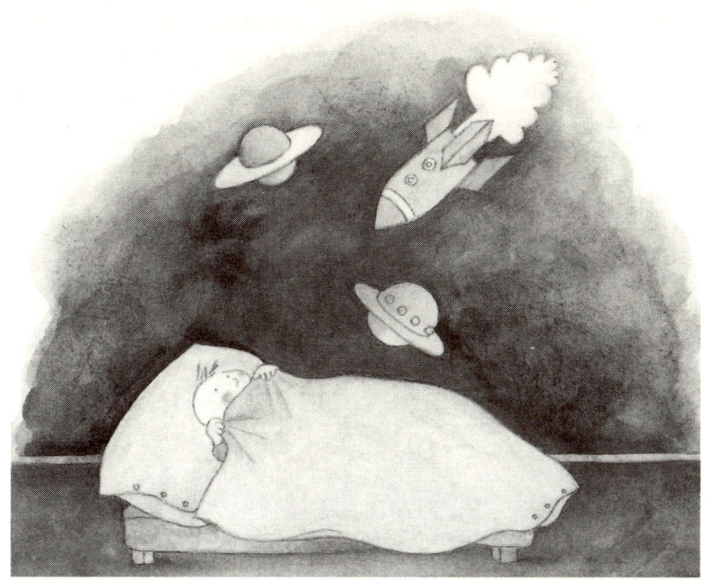

reit sind, Altes wegzuwerfen, die Ressourcen der Erde
unnötig verbrauchen.

Kinder haben Angst vor Krankheit und Tod. Wenn Sie
selbst davor Angst haben, sollten Sie mit den Enkeln
darüber besser nicht sprechen, sondern nur von Krankheiten, die Sie überwunden haben. Wenn Sie überzeugt
sind, dass mit dem Tod nicht alles aus ist, dann teilen
Sie diese Gedanken mit Ihren Enkeln, oder sagen Sie
ihnen, dass die Toten sich von der Mühe des Lebens
und von Krankheiten ausruhen. Die Eltern nehmen
sich oft nicht die Zeit, die Fragen der Kinder nach dem
Tod in Ruhe zu beantworten. Vielleicht ist das Ihre
Aufgabe. Zuvor sollten Sie sich aber mit den Eltern der
Enkel über die Inhalte abstimmen.

Fragen nach dem
Tod ernst nehmen

Übrigens: Schutzengel sind nicht mehr unmodern! Im
Gegenteil: Engel sind »in«, jedes Jahr erscheinen neue
Bücher über sie. Also reden Sie ruhig mit Ihren Enkel-
kindern über Engel, wenn Sie es möchten.

Schutzengel
sind nicht »out«

Haben Sie Ver-
trauen, dass auch
Ihre Enkelkinder
mit den Ängsten
fertig werden

Kinder brauchen Märchen, auch wenn sie ihnen Angst machen. Sie liefern den Stoff, an dem man Ängste »abarbeitet«. Man kann diesen Vorgang beobachten, wenn Kinder mit Gruseln auf der Geisterbahn fahren wollen, eng an die Großmutter geschmiegt, und dann immer wieder, um mit der Angst fertig zu werden. Jedes spannende Buch, jedes Computerspiel, jeder Film kann diese »Angst-Lust« erzeugen. Kinder setzen sich damit auseinander, indem sie darüber reden, Rollenspiele spielen, indem sie ihre Träume erzählen oder die Monster malen. Seien Sie aufmerksam dafür, aber erschrecken Sie nicht!

Anerkennung und Selbstbewusstsein

Anerkennung schafft Selbstbewusstsein, und das ist das beste Mittel, um erwachsen, ausgeglichen und glücklich zu werden. Im Übrigen schützt es auch gegen alle Anfechtungen, etwa gegen Drogenmissbrauch! Großeltern, die das wissen, können viel dazu beitragen, ihre Enkelkinder vor Drogen zu schützen. Vielleicht denken Sie, wenn Sie lesen, dass der Drogenmissbrauch zunimmt: »Das müsste doch verboten werden!« Doch mit Verboten kann man junge Menschen nicht von Drogen abbringen. Drogen- und Alkoholmissbrauch sind oft ein Hinweis darauf, dass der junge Mensch im Grunde seines Herzens unglücklich ist.

Am besten wenden Sie sich an den Bundesverband des Deutschen Kinderschutzbundes, der Ihnen Ansprechpartner in Ihrem Bundesland nennen kann. Oder Sie informieren sich im Internet:

»Starke Eltern – Starke Kinder®«
Schöneberger Straße 15 – 10963 Berlin
Telefon: 030-214809-0
http://www.dksb.de

Dies sind, kurz gefasst, die darin enthaltenen Empfehlungen:

• Kinder brauchen seelische Sicherheit, sie müssen in den Arm genommen werden und auf diese Weise immer wieder erfahren, dass sie geliebt werden. Dazu können die Großeltern viel beitragen.

• Kinder brauchen Anerkennung und Bestätigung, sie brauchen Lob und Ermutigung nicht nur für erbrachte gute Leistungen, sondern schon für ihre Bemühungen.

• Kinder brauchen Freiräume, sie verkümmern in der Enge der Wohnungen und in den zugebauten, mit Autos zugestellten Straßen. Dort können sie ihre Kräfte nicht erproben, nicht hoch klettern, weit rennen, nichts Neues kennen lernen und erforschen. Sie können nicht erleben, wie stark sie sind. Also nehmen Sie die Kinder mit zum Abenteuerspielplatz, ins Freie oder in den Wald, und haben Sie keine Angst davor, sie sich dort austoben zu lassen.

• Kinder brauchen verlässliche Freunde, und dazu zählen auch die Großeltern, die für sie da sind.

• Kinder brauchen Beständigkeit. Die kleinen Rituale beim Besuch in Ihrer Wohnung sind ein Stück Beständigkeit: zu wissen, wo ein Apfel für sie liegt und das Spiel, das man immer spielt, wie es beim Essen zugeht und wie beim Vorlesen, das schafft Sicherheit.

• Kinder brauchen Gesprächspartner für die großen Fragen: wie die Welt entstanden ist und ob sie ein Ende haben kann, ob es Gott gibt oder nicht. Sie wollen wissen, wie man leben kann und wie man leben soll. Sie sind gut dran, wenn sie sich damit auch an die Großeltern wenden können.

Ist Danke sagen »out«?

Von »gutem« und
»schlechtem«
Benehmen

Bis vor einer Weile ging es bei uns so zu, wenn Kinder und Enkelkinder kamen: Ich stand in der Tür, um sie zu begrüßen, wir Erwachsenen umarmten einander und begrüßten uns freundlich, die Enkel liefen grußlos ins Haus. Und wenn sie weggingen, sagten sie kein Wort zum Abschied, erwiderten meinen Gruß nicht. Ich ärgerte mich. Schließlich habe ich darüber mit meiner Tochter gesprochen. Seither ist es viel besser geworden, sie sagen »Hallo« und »Tschüss«. Ich merke, dass meine Tochter sie daran erinnert, und es ist mir einen Moment lang peinlich, denn eigentlich, so denke ich, müssten die Kinder das doch von allein tun.

Anscheinend nicht. Anscheinend ist es uns allen auf diese Weise beigebracht worden. Die Eltern erinnerten uns daran, Guten Tag und Auf Wiedersehen zu sagen. Wir sind im Irrtum, wenn wir denken, Höflichkeitsformen müssten die Kinder doch von selbst anwenden. Es sollte uns auch nicht unangenehm sein, sie daran zu erinnern.

Ich bin froh, dass ich das Thema rechtzeitig angesprochen habe, ehe mein Ärger ganz »dick« geworden wäre

und ich es nicht mehr beiläufig hätte sagen können. Und ich bin dankbar, dass meine Tochter mir die Bemerkung nicht übel genommen hat.

Natürlich kann man sich die Frage stellen, ob es der Mühe wert ist, die Großeltern zu grüßen und »bitte« und »danke« zu sagen. Das wird jede Familie nach ihrem persönlichen Stil entscheiden; die einen werden denken, es sei der Mühe wert, den Kindern ein bisschen »Benimm« beizubringen oder auch, die Großeltern nicht zu kränken, und die andern werden das unsinnig finden.

Wie viel von den Höflichkeitsgesten sollen Kinder lernen – auch zum Beispiel, dass man Ältere zuerst durch die Tür gehen lässt, dass man ihnen im Bus seinen Platz anbietet? Es kann wohl nicht schaden und tut auch nicht weh, wenn Kinder wissen, dass das früher erwartet wurde, die einen mögen's dann tun und die anderen nicht. Wir können keinen Respekt erwarten, nur weil wir älter sind, aber wir können unseren Enkelkindern erklären, dass es Gesten der Freundlichkeit oder der Fürsorge sind, die das Leben für alle angenehmer machen. Übrigens beschwerte sich schon Sokrates über die schlechten Manieren der damaligen Jugend, dass sie nicht aufstünden, wenn Ältere das Zimmer beträten, und dass sie immer widersprächen. Das war vor 2400 Jahren! Die Welt ist wohl seither nicht besser oder schlechter geworden.

Oder doch? Das hat es doch früher nicht gegeben, dass ein Kind zu seiner Mutter oder zu seiner Großmutter sagte: »Du alte Sau!« Was macht man da?

Kinder sind heute weniger gehemmt als früher, ihren Ärger oder ihre Wut herauszulassen, sie gebrauchen die tollsten Schimpfwörter, als müsste es so sein. Wie weit die Familie das hinnimmt, müssen die Eltern entscheiden. Die Großeltern sollten ihre persönliche Würde verteidigen. Sicher lohnt es sich, darüber nachzudenken, warum das Kind Sie beleidigen will. Vielleicht fühlt es sich geärgert oder ist enttäuscht, vielleicht möchte es nur mal ausprobieren, was passiert, wenn es Sie so direkt angreift. Sagen Sie in solchen Situationen also nicht: »Das sagt man nicht, das tut man nicht«, sondern sprechen Sie von sich: »Ich will das nicht hören. Es verletzt mich. Ich rede doch auch nicht so mit dir.«

Ich bin nicht der Meinung, man sollte alles überhören und so tun, als wenn nichts wäre. Wir dürfen uns niemals entwürdigen lassen, denn das steigert nur die Aggression. Es ist wie eine Aufforderung weiterzumachen. Bleiben Sie ruhig, aber wehren Sie die Beleidigungen ab. Es geht nicht darum, ob das Kind unartig ist, sondern dass es Sie verletzt hat und dass Sie das nicht noch einmal erleben wollen.

Und vergessen Sie nicht, wie oft die Kinder mit ebenso spontanen Äußerungen und Zeichen der Zuneigung auf Sie zukommen, mit Anrufen und Bildern und kleinen Geschenken. Mein vierjähriger Enkelsohn sah mich neulich über den Esstisch hinweg an und sagte: »Das tut mir aber Leid, dass du immer allein in deinem Haus bist!« Das zeigte mehr an Freundlichkeit und Fürsorge als alles gute Benehmen zusammengenommen!

Probleme mit dem Essen

Ich hatte meine Tochter mit ihrem Mann und den drei Kindern zum Essen eingeladen und wollte natürlich etwas Gutes auf den Tisch bringen, etwas, das allen schmecken würde. In einer Zeitschrift hatte ich ein Wurstrezept entdeckt und dachte: »Hm, Wurst, das essen alle gern!« Trotzdem fragte ich erst noch bei meiner Tochter nach, ob das wohl das Richtige sei, und sie meinte, ja. Die Wurst kam auf ein Gemüsebett, sie wurde mit einer Soße und Käse überbacken. Dazu gab es Kartoffeln, es waren aber auch noch ein paar Spagetti vom Vortag da, die ich in der Pfanne aufbriet. Diese Spagetti, nackt und bloß, waren der Renner. Von den Wurstscheiben aßen die drei Kinder insgesamt fünf, vom Tomatengemüse zusammengenommen einen Esslöffel. (Zum Glück gab es zum Nachtisch Apfeleis, das die Kinder selbst zubereitet hatten.)

Ziemlich betrübt über meinen Misserfolg, sprach ich darüber mit einer Freundin. Die meinte, es sei vielleicht ein Irrtum der Erwachsenen anzunehmen, dass Kinder gern immer etwas Neues auf dem Tisch haben wollen wie wir. Vielleicht sind sie zufrieden, wenn es immer das Gleiche gibt, ein Gericht, das sie gern essen? Ich werde das ausprobieren. Ich werde mit den Enkeln verhandeln, welches Gericht allen am besten schmeckt, und es so lange immer wieder bei ihren Besuchen auf den Tisch bringen, bis sie sich etwas anderes wünschen. Oder wir erstellen eine kleine Liste von zwei oder drei Lieblingsgerichten. Den Eltern kann ich vielleicht mit einer Beilage Abwechslung verschaffen. Natürlich werde ich mich nicht freuen, wenn die Kinder sich nichts anderes wünschen als nur immer wieder Spagetti mit Fleischsoße, aber sie essen wenigstens Salat dazu, und so werde ich an jene Kinderpsychologen denken, die behaupten, die Kinder wüssten schon selbst, was ihnen

Nur noch Spagetti?

67

gut tut, und hoffen, dass ihr Geschmack sich eines Tages ändert.

Aber vielleicht stimmt es nicht, dass die Kinder von selbst das Richtige essen? Immerhin ist ca. ein Drittel aller Kinder zu dick! Das sind die Sünden, die die Ärzte aufzählen: zu viel Fettes, zu viele Süßigkeiten, zu viele kleine Häppchen, zu wenig Bewegung, zu viel Fernsehen und Computer – und vielleicht auch der gut gemeinte Satz »Der Teller wird aber leer gegessen!«.

Das »lustvolle« Essen

Weil es zum Thema Essen in vielen Familien immer wieder Ärger gibt, nehme ich mir fest vor, dass das Essen bei mir »lustvoll« eingenommen wird, dass es vergnügt zugeht. Seit ich keine große Tischdecke mehr verwende, sondern Sets, ist das schon viel leichter – Tischdecken, die verrutschen, weil die Kinder unruhig am Tisch sitzen, machen mich ärgerlich und verhindern, dass das Essen mir selbst Freude macht. Ich beteilige die Kinder am Tischdecken oder wenigstens an seiner Vollendung, sie können den Tisch schmücken, zum Beispiel mit einem Blumenstrauß aus dem Garten, und die Papierservietten nach ihrem Geschmack aussuchen. Und natürlich sorge ich dafür, dass immer etwas Gutes auf den Tisch kommt, das allen schmeckt – ach, wenn das so leicht wäre!

Tipps, damit die gemeinsame Mahlzeit zur Freude wird

Planen Sie das Essen gemeinsam

• Besprechen Sie die geplanten Gerichte mit der Mutter der Kinder, und fragen Sie auch, ob die Enkel gerade für ein Tier besonders heftige Zärtlichkeit empfinden. Das können Hühner sein oder Schweine, Kälber, Rinder, Schafe oder Kaninchen – vermeiden Sie nur ja, dass sie auf den Tisch kommen!

• Den Tisch können die Kinder noch schmücken, wenn die ganze Familie gerade eingetroffen ist und die Erwachsenen die ersten Neuigkeiten austauschen. Wenn sie schon früher zu Ihnen gekommen sind, können Sie gemeinsam über das Essen beschließen, einen Einkaufszettel aufstellen, gemeinsam einkaufen, die Einkaufstaschen ausräumen. Die Kinder helfen auch gern bei der Zubereitung, zum Beispiel des Nachtischs, sie können aber auch Gemüse schneiden (wirklich!), eine Pizza oder ein Kuchenblech belegen. Das dauert dann alles ein bisschen länger, und das ist Ihr Vorteil: Nehmen Sie sich die Zeit, die die Mutter der Kinder nicht immer hat!

Beteiligen Sie die Kinder an der Vorbereitung des Essens, soweit es irgend geht!

• Kinder hassen es, genötigt zu werden: »Nimm doch noch ein Stückchen Fleisch! Ein paar kleine Erbsen!« Also tun Sie's nicht! Bestehen Sie nicht darauf, dass alles aufgegessen oder der Teller leer gegessen wird. Erlauben Sie, dass man vom Tisch aufsteht, während die andern noch aufessen.

Kinder brauchen meist weniger Essen, als die Erwachsenen (und besonders die besorgten Großeltern) vermuten

• Wenn Sie nicht gern Essen wegwerfen, sei Ihnen geraten, den Kindern nur winzige Portionen auf den Teller zu tun und auch, wenn ein Nachschlag verlangt wird, nicht mit dem großen Auflegelöffel zuzulangen. Sobald wie möglich sollten sich Kinder selbst ihr Essen auflegen dürfen, nur glauben Sie nicht, dass sie im Voraus wissen, wie viel sie essen werden. Sie müssen auch ihnen raten, mit einer kleinen Portion zu beginnen.

• Kinder finden kleine Dinge niedlich, wie kleine Kartoffeln, kleine Gemüsestückchen, Sternchen- und Buchstabennudeln. Machen Sie ihnen damit eine Freude.

Vermeiden Sie »wertlose« und »Kinder«-Nahrungsmittel

• Schränken Sie jene Gerichte ein, die die Ernährungswissenschaftler als wertlos bezeichnen, weil sie nichts als Kalorien enthalten. Das sind Pommes mit Mayo und/oder Ketchup, Koteletts, Bratwurst, Fischstäbchen und eben auch die geliebten Spagetti. Aber bedenken

Sie bitte auch, dass Kinder genau diese Gerichte lieben … und drücken Sie ab und zu mal ein Auge zu.

• Schränken Sie die Verwendung von Zucker ein. Auch er enthält nichts als leere Kalorien, greift die Zähne an und macht dick.

Augen auf beim Einkauf

• Kaufen Sie möglichst keine »Kindernahrungsmittel«, die die Werbung so eifrig propagiert. Sie sind mit Comicfiguren geschmückt, um die Kinder anzulocken, sie enthalten winzige Beigaben wie Sticker, Sammelbilder, kleine Figuren und sollen für die Kinder besonders wertvoll sein. Sind sie aber nicht – sie sind nur ein Verkaufstrick der Industrie.

• Das Essen sollte nicht zu weich gekocht sein, denn es verliert beim Kochen an Nährwert und man kann es achtlos in sich hineinmampfen. (Allerdings essen kleine Kinder gern ein Mus von Kartoffeln, Karotten und dergleichen.) Auch Brot sollte nicht weich sein, sondern fest oder kernig und nicht mit Belag überladen.

• Milch ist so nährstoffreich, dass sie eine ganze Zwischenmahlzeit darstellt. Bei Tisch sollte man sich auf Wasser beschränken.

• Fruchtsaft ist meist zu süß und kann mit Mineralwasser aufgefüllt werden. Echter Fruchtsaft ist aber besser als die künstlichen Getränke wie Cola oder Limo und die von der Werbung lancierten »Energiespender«.

Müssen Süßigkeiten sein?

• Ohne Süßigkeiten kommt wohl kein Kind aus, aber sie sollen nicht in rauen Mengen verschlungen werden. Die Kinder werden nach etwas Süßem fragen, wenn sie bei Ihnen zu Besuch sind, und es ist eine gute Idee, etwas Besonderes für sie bereitzuhalten, das sie bekommen, ohne lange betteln zu müssen – und nicht mehr.

Wenn man Süßigkeiten zur Belohnung gibt, erzeugt man eine sehr schlechte Angewohnheit.

• Verwöhnen kann man auch mit Nüssen, Studentenfutter und geschnittenem, schön angerichtetem Obst, mit Salzstangen oder Popcorn, selbst gemacht.

• Manchmal müssen die Kinder über die Stränge schlagen, viel Eis essen, viele Pommes frites …

Über Essprobleme sollte man nicht viel reden, ganz gleich, ob Sie ein Kind zu dünn oder zu dick finden. Akzeptieren Sie Ihr Enkelkind, so wie es ist – Ihr Einfluss reicht gewiss nicht aus, um es in puncto Ernährung umzuerziehen.

Alles, was einen Bildschirm hat …
Von Fernsehern, Computern, Handys usw.

Kaum ein Bereich unseres Lebens unterliegt so rasanten Veränderungen wie alles, was einen Bildschirm hat: Fernseher, Video- und DVD-Player, Computer, Spielkonsolen, Handys, MP3-Player usw., die ganze Unterhaltungselektronik. Immer leistungsstärkere, immer billigere Geräte werden ständig auf den Markt gebracht.

Die Kinder wachsen wie selbstverständlich damit auf, nur ist der Umgang mit all diesen Geräten in den Familien unterschiedlich: In manchen Familien gibt es nur einzelne Geräte, die gemeinsam genutzt werden, aus finanziellen Gründen oder wegen der Einstellung der Eltern zu diesen Dingen. In anderen Familien gibt es all diese Geräte womöglich in mehreren Exemplaren, sodass bald auch die Kinder auf ihren Zimmern mit einem eigenen Fernseher und Computer ausgestattet sind. Da ist an eine Kontrolle kaum zu denken, wenn die Eltern überhaupt meinen, sich in die Gewohnheiten ihrer Kinder einmischen zu müssen. Manchmal wird Fernseh- oder Computerverbot auch als Strafe eingesetzt.

Grundsätzlich müssen Sie als Großeltern wohl den Familienstil akzeptieren, es sei denn, Sie werden um Rat gefragt oder um finanzielle Beteiligung gebeten. Da Sie selbst ja auch über viele dieser Geräte verfügen und die Enkel zu Ihnen zu Besuch kommen, sollten Sie sich aber auf jeden Fall eine eigene Position dazu erarbeiten, wie in Ihrer Wohnung damit umgegangen wird.

Dabei werden Sie sich vielleicht fragen:

• Machen Fernsehen und Computerspiele nicht dumm, weil sie den Kindern eine Wirklichkeit vorgaukeln, die es gar nicht gibt?

• Machen Fernsehen und Computer nicht einsam, weil sie die Kinder davon abhalten, mit anderen zu spielen, sich zu streiten und zu versöhnen, also soziales Verhalten einzuüben?

• Machen Fernsehen und Computer krank und dick, wegen Haltungsschäden, Bewegungsmangel und unkontrolliertem Nebenheressen?

• Machen Sie vielleicht Angst …?

• Machen Sie vielleicht brutal …?

Die Experten geben auf diese Fragen unterschiedliche Antworten, aber die Quintessenz ist allgemein:

• Ob »Bildschirmkonsum« Kindern schadet oder nicht, hängt von der Auswahl der Programme und vor allem von der Art des Umgangs damit ab.

• Je weniger Zeit die Kinder vor den Bildschirmen verbringen, umso besser ist es, denn auf jeden Fall stehlen sie den Kindern die Zeit, die sie brauchen, um das Leben in der Wirklichkeit kennen zu lernen und Erfahrungen zu sammeln.

• Kleine Kinder sollten weniger Zeit an Bildschirmen verbringen als größere.

Welche Ratschläge lassen sich nun aus diesen allgemeinen Wahrheiten ableiten?

• Lassen Sie den Fernseher nicht nebenbei laufen, wenn Ihre Enkel zu Besuch sind, und nicht aus Bequemlichkeit, weil die Kinder dann ruhig sind. Ausnahmen sind natürlich möglich! (Zum Beispiel, damit Sie sich eine halbe Stunde Mittagsschlaf gönnen können.)

• Überlegen Sie, ob Sie familiären Gewohnheiten entgegensteuern wollen: Einem Kind, das zu Hause viel Zeit an Bildschirmen verbringt, versuchen Sie, Alternativen aufzuzeigen (das wird zunächst nicht ohne Quengelei gehen), einem Kind, das zu Hause eher engen Regeln unterliegt, gönnen Sie Ausnahmen.

• Wählen Sie Fernsehsendungen oder Computerspiele für Ihre Enkel bzw. mit Ihren Enkeln bewusst aus.

• Sehen Sie gemeinsam fern, und unterhalten Sie sich über die Sendungen, wählen Sie auch einmal Tiersendungen oder Wissenschaftsshows, die Ihre Enkel vielleicht von alleine nicht ansehen würden, die ihnen aber viel Spaß machen können. Für kleinere Kinder bis etwa zehn unübertroffen: die Sendung mit der Maus!

• Beteiligen Sie sich an Computerspielen, und sei es durch neugieriges Über-die-Schulter-Schauen. Wenn Sie selbst zu spielen versuchen, werden Sie merken, wie sehr die Spiele, bei allem, was man gegen sie einwenden mag, Geschicklichkeit und Konzentration erfordern – und wie weit Ihre Enkel Ihnen dabei voraus sind.

• Besorgen Sie für einen langen Abend oder einen Regentag mal ein Video oder eine DVD mit einem schönen Spielfilm. In den Stadt- und anderen Bibliotheken können Sie eine gute Auswahl vorfinden und brauchen für die Ausleihe nichts zu bezahlen.

• Sehen Sie sich gelegentlich auch mal gemeinsam an, was die Kinder gerade besonders »cool« finden. Wenn Sie diese Sendungen (oder Computerspiele) abscheulich finden, dann sollten Sie Ihre Meinung ruhig auch äußern und vertreten.

Gewalt im Fernsehen

• Wahrscheinlich werden Sie vor allem vor Gewaltszenen in Fernsehsendungen, Videos oder Computerspielen zurückschrecken. Fragen Sie die Enkel, wie sie zu den Gewaltszenen stehen und warum sie das gut finden.

• Bieten Sie außer den vielen Beschäftigungsmöglichkeiten aus dem hinteren Teil dieses Buches gelegentlich an, zusammen ins Kino oder Theater zu gehen.

• Wenn Sie Videos, DVDs oder Computerspiele verschenken wollen: Achten Sie auf die Altersangaben, die auf den Verpackungen angegeben sein müssen.

• Je älter die Kinder werden, umso mehr Unabhängigkeit und Eigenverantwortung sollte ihnen für ihren Umgang mit Fernsehen und Computern zugestanden werden. Das gilt insbesondere auch für die Frage, wann ein Kind eigene Geräte auf seinem Zimmer haben sollte: Wenn Sie darauf Einfluss nehmen können, dann zögern Sie diesen Zeitpunkt auf jeden Fall bis ins Teenageralter hinaus.

Sie werden sich vermutlich gar nicht vorstellen können, was und wie Computerspiele eigentlich sind. Mir ging es auch so, bevor meine Enkel größer wurden. Hätte ich nur Mädchen als Enkel, wäre ich mit Computerspielen vermutlich kaum in engere Berührung gekommen!

Kommt man heute in die Spielzeugabteilung eines Warenhauses, fühlt man sich in einer fremden Welt. Jungenabteilung und Mädchenabteilung sind streng getrennt, auf beiden Seiten dieser Trennungslinie werden die Unterschiede der Geschlechter betont: Die Mädchenabteilung wirkt wie ein Traum in Rosa. Hier wird die verkleinerte Ausstattung von Luxuswohnungen als billige Plastikware angeboten, und mich graust die Vorstellung, wie damit die engen Kinderzimmer vollgestellt werden. Zwischen den Puppen mit den uns vertrauten kindlichen Körpern und lieben Gesichtern haben Prinzessinnen und Models Einzug gehalten mit langen Beinen, dünner Taille, wildem Haarschopf und vollendetem Make-up. Sie verfügen über eine schicke Garderobe, ein Reitpferd, ein Schloss, ein Auto, und zu jedem Weihnachtsfest kommt Neues dazu. Auf den Wunschzetteln der Mädchen werden Sie diese Träume von einem Luxusleben in Plastikausführung wieder finden.

Die vorherrschende Farbe in der Jungenabteilung scheint Dunkelgrau zu sein, hier herrscht die Atmosphäre einer Hightech- und Kriegswelt. Irgendwo flackert gelegentlich buntes Licht auf, und aus einer Art Fernsehkasten kommen Pieptöne. Davor steht eine Gruppe von Jungen, die mir freundlich Auskunft geben.

Sie stehen vor einer Wii oder einer XBox oder wie immer eine solche Spielkonsole gerade heißt. Dahinter ist ein Monitor (Fernsehbildschirm) aufgebaut, und mit der Kombination dieser beiden Geräte spielen die Jungen ein Computerspiel. Es sieht hübsch aus, wie dort durch den Urwald Figuren turnen, Menschen und Tiere, auch hier gibt es eine Prinzessin und irgendwelche Monster, die ihr schaden wollen. Die Jungen dirigieren das Spiel mit einer Fernbedienung. »Habt ihr das nicht alles auch zu Hause?«, frage ich sie. »Ja, aber es macht mehr Spaß, hier zusammen mit Freunden zu spielen, und es gibt hier auch die besseren (weil neuesten) Geräte.«

Mobile Spielekonsolen »Und die Gameboys sind ganz out?«, frage ich. Nein, eifrig führen sie mich zu der verschlossenen Glasvitrine, in der Geräte, kaum größer als eine Spielkarte, liegen. »Die heißen inzwischen DS und habe sogar 3D-Technik«, erklären mir die Jungs. Aber wir spielen auch auf unseren Handys.

Die »richtigen« großen Bildschirmspiele, die als CDs ringsum die Regale füllen, können grundsätzlich auf zweierlei Weise abgespielt werden:

1. auf Spielkonsolen, die an ein normales Fernsehgerät angeschlossen werden müssen,

2. auf einem Computer, wenn der Computer stark und schnell genug ist.

Das ist es wohl, was die Jungen ins Warenhaus gelockt hat: Hier finden sie Geräte, die powervoll genug sind für die anspruchsvollsten Spiele.

Sie werden an das denken, was in Ihrer Jugend »spielen« hieß: laufen, rennen, klettern, springen, rufen, schreien, sich anschleichen, verstecken, raufen, prügeln – ist das alles »out«? Vielleicht, aber es gibt ja die Großeltern, die immer noch meinen, dass die wirklichen Spiele und die wirklichen Erfahrungen der virtuellen Realität vorzuziehen sind. Opas, Omas, hier sind Ihre Aufgaben! Zerbrechen Sie sich die Köpfe, wie man die alten Spiele wieder reizvoll machen kann, und beuten Sie dieses Buch mit seinen vielen Anregungen tüchtig aus! Setzen Sie Ihre Fantasie und Ihre Liebe zu den Enkelkindern ein, um ihr Genöle und ihr »hab kein' Bock!« zu umgehen.

Was ist nun der Reiz an den Computerspielen, die man ja meist ganz allein, zu Hause, vor dem PC spielt? Ich habe Auskunft darüber in dem Buch »Gute Autorität« von Wolfgang Bergmann gefunden: »Sie versinken in die Zeit- und Raumerfahrungen, die sich in Computeranimationen auftun. – Da sind Figuren auf dem Monitor, die hin und her springen, zu Boden stürzen, kleine unkalkulierbare Feinde, die mit Laser- und Atomkanonen angreifen, denen man nur Paroli bieten kann, wenn man ganz konzentriert ist. Man schießt, ohne zu überlegen. Geschwindigkeit, das ist wichtig, ein Taumel der Geschwindigkeit.« Die Welt dieser Spiele ist eine chaotische und nicht lineare, hinterlistige Wirklichkeit, auf die man mit rasender Geschwindigkeit reagieren muss. Dann kommt man weiter zur nächsten Herausforderung, und der Triumph am Ende des Spiels ist, dass man »überlebt« hat, dass man schneller und

Computerspiele am Personalcomputer

77

gewitzter war als alle Konkurrenten, die der Computer einem in den Weg gestellt hat, dass man den »Feind« in die Schranken gewiesen oder vernichtet hat. Dann kann man sich als Sieger fühlen.

Das entfernt die Computer-Kids von der Wirklichkeit, in der die anderen Menschen zu Hause sind und in der sie eigentlich ihr eigenes Leben gestalten müssten. Doch es hat keinen Sinn, die Computerspiele zu verdammen und ihnen alles anzulasten, was uns in der Wirklichkeit stört – sie sind die Wirklichkeit von heute, und die Kinder, die Jungen vor allem, lieben sie.

Gefährliche Spiele Zum Glück hat die Unterhaltungsindustrie eine eigene Kontrolle aufgebaut, um harte Brutalität, Pornografie und Rassismus aus den Computerspielen fern zu halten. Alle Computerspiele werden zertifiziert, das heißt, sie tragen ein Kontrollfeld, auf dem das Alter der Kinder angegeben ist, für die das Spiel geeignet ist. Sie finden dieses Kontrollfeld meist links unten auf der Verpackung. Opa und Oma sind froh über diese Hilfe, den Kindern gefällt das manchmal nicht, vor allem, wenn mit »16« oder »18« das Mindestalter angegeben ist. An der Kasse der Medienabteilung, wo die Jugendlichen ihr Wunschspiel ausgesucht haben, werden sie gestoppt, wenn ein Mindestalter für den Kauf erforderlich ist. Dann müssen sie beweisen, dass sie das entsprechende Alter haben, also einen Ausweis vorzeigen. Natürlich lassen sich solche Schranken umgehen, man zeigt den Ausweis eines anderen vor oder bittet einen Älteren, einem das gewünschte Spiel mitzubringen, doch nehmen die Verkäufer die Kontrolle ernst, wie ich mich überzeugt habe, und das hat mich beruhigt.

Wirklich problematisch sind dagegen die vielen »Raubkopien«, die unter Kindern und Jugendlichen zirkulieren, also durch Brennen von CDs hergestellte Kopien der im Original immer sehr teuren Spiele. Hier sind vor allem die Eltern gefordert, sich mit ihren Kindern darüber auseinanderzusetzen, was »ins Haus kommt« und was nicht.

»Und Handys? Sind sie wirklich so nötig?«, frage ich meine Enkelkinder und mache sie verlegen. Schnell denken sie sich aus, wie wichtig ein Handy ist, wenn man abgeholt wird usw. Mit anderen Worten: Ja, ein Handy ist sehr nötig – und es ist auch billiger als telefonieren, schieben sie schnell nach. Ich staune. Sie meinen die SMS-Botschaften, die sie einander unablässig schicken. Kaum haben sie die Schule verlassen, wollen sie auch schon ihre Freunde oder Freundinnen informieren, blitzschnell tippen sie auf dem Zahlenfeld ihre Botschaft ein, und das ist sicher billiger als telefonieren.

Wenn man ein solches »Handy-Kid« an einer Haltestelle stehen sieht, hat es keinen Zweck, ihm Guten Morgen zu wünschen oder sonstwie Kontakt aufzunehmen – es starrt auf sein Handy, um die SMS-Botschaften zu lesen, die hoffentlich eingegangen sind, und nimmt die Außenwelt nicht wahr. Befriedigt steigt es dann in den Bus: Ja, es hat Botschaften bekommen – es gehört noch dazu.

Die Kinder denken, die Großeltern sind ideal geeignet, ihnen ein Handy zu schenken. Die meisten Großeltern wundern sich darüber, denn sie sehen Anzeigen, dass es Handys schon für 0 € oder 1 € gibt. Dazu müssen Sie wissen: Es gibt Handys mit Vertrag und Handys mit Karte. Die ganz billigen sind die Handys mit Vertrag. Die sind es, mit denen die Kinder oft enorme Schulden aufhäufen.

Schenken Sie niemals ein Handy mit Vertrag! Man telefoniert damit auf Rechnung mit einer hohen Grundgebühr, und man kontrolliert nicht, wie hoch die Rechnung schon geworden ist. Schenken Sie ein Karten-Handy. Wenn die Karte abtelefoniert ist, schenken Sie vielleicht eine neue. Schulden entstehen dabei nicht.

Gewalt und Aggression

Aggressive Phasen gehören zum Aufwachsen. Die Dreijährigen versuchen, wie weit sie kommen, wenn sie sich auf Kämpfe mit den Geschwistern und den Eltern einlassen. Sie fordern sie heraus, und Nachgeben scheint die einfachste Lösung, damit Ruhe einkehrt. Manchmal ist die Mutter so genervt, dass sie das Kind anschreit, worauf das Gebrüll noch größer wird und sie das Kind trösten muss. Beide Male hat das Kind etwas gewonnen, entweder den Streit oder die besondere Zuwendung der Mutter.

Das sind schwierige Zeiten, in denen die Mutter, gegen die sich die meisten Aggressionen richten, manchmal ganz verzweifelt ist. Diese kleinen Kinder leiden wohl selbst, weil sie ihrer Wut hilflos ausgeliefert sind, aber zum Glück gehen die aggressiven Phasen vorüber. Die Kraft, die in der Aggression steckt, kann eines Tages eine aufbauende Kraft werden. Aus aggressiven Kindern können kreative, interessierte, abenteuerlustige Jugendliche werden, wenn man ihnen einen festen Rahmen vorgibt und sie zugleich spüren lässt, dass man ihre Kraft zu schätzen weiß. Sich selbst sollten Sie ins Gedächtnis rufen: Kinder brauchen Grenzen, aber sie brauchen auch Menschen, die sie humorvoll und liebevoll annehmen, wenn sie sich verrannt haben.

Allerdings hat sich die Gewalttätigkeit von größeren Kindern und Jugendlichen verändert, und niemand sieht mehr eine »aufbauende Kraft« darin. Die Gesellschaft ist erschreckt von ihrer gnadenlosen, brutalen Gewalt gegen Sachen und Menschen, vor allem gegenüber Schwächeren.

Rücksichtslosigkeit und Gewaltbereitschaft, wo kommen sie her? Erziehungsberater meinen, Aggressionen entstünden immer dann, wenn Menschen nicht mit den Lebensbedingungen zurechtkommen, die ihnen von ihrer Umwelt aufgezwungen werden. Die Kinder schlügen zurück, weil sie nur Gewalt statt Zuwendung erführen. Es ist, als würde ein Schwarzer Peter herumgeschoben: Das Fernsehen sei schuld, die Eltern, die Schule, die Gesellschaft, heißt es. Sie alle haben wohl ihren Teil Schuld daran, und alle sind sie ratlos. Wir Großeltern stehen zum Glück nicht auf der Liste der Schuldigen. Aber wir dürfen nicht zurückweichen vor dem schlechten Benehmen der Jugendlichen, denn schließlich sind wir ja doch alle für sie mitverantwortlich. Fassen Sie sich ein Herz, wenn Sie etwas sehen, was Ihnen nicht gefällt, und sagen Sie's, aber sagen Sie es freundlich. Am besten ist es natürlich, wenn Sie dabei einen kleinen versöhnlichen Scherz machen können.

Wenn eins von Ihren Enkelkindern angegriffen wird, sagen Sie ihm, es soll sich verteidigen, aber ohne Rachegedanken. Wenn Ihr Enkelkind aggressiv ist, helfen Sie ihm zu unterscheiden, wo es angreift und wo es sich verteidigt, und akzeptieren Sie seine Art der Selbstverteidigung. Wenn Sie den Eindruck haben, dass das Enkelkind ein »Prügelknabe« zu werden droht, wenn es ängstlich ist gegenüber anderen Kindern, weil es sich nicht zu wehren weiß, dann sprechen Sie mit ihm über Sportarten wie Taekwondo, die der Selbstverteidigung dienen. Erkundigen Sie sich beim Sportamt Ihres Wohnorts, wo welche Kurse angeboten werden, oder schauen Sie in den Gelben Seiten oder im Internet unter »Kampfsportschulen« nach. Es gibt Kurse in Judo und Taekwondo schon ab fünf Jahren. Machen Sie den Kurs zum Geschenk. Das gilt selbstverständlich auch für Mädchen, die von solchen Kursen enorm profitieren.

Von den Zwängen zu Markenkleidung, zum Rauchen und Trinken

Überall Löwen! Was tun gegen die Modediktate?

Ich gehe ins Spielzeuggeschäft und staune: überall Löwen! Löwen als Plüschtiere, als Plastiktiere, Löwenbücher, Löwenpuzzles, Löwenkassetten … Aus der Zeitung fällt mir Reklame entgegen mit Löwen, für Löwen und für einen Löwenfilm. Allmählich merke ich, was los ist: Der Löwe ist los! Er soll die Dinos, die bisher das Feld beherrschten, verdrängen. So kommt er gerade recht, damit die Kinder wieder etwas zum Wünschen haben und die Großmütter etwas zum Schenken. Die Bettwäsche und der Schulranzen mit den Dinos drauf werden noch lange halten, doch in einem Jahr werden sie »out« sein, »mega-out«, und kein Kind mit dem richtigen Verbraucherbewusstsein wird sie mehr benutzen wollen.

Kinder als Ansprechpartner der Werbung

Ich ärgere mich über die Werbestrategien, die sich so ausdrücklich an die Kinder wenden. Sicher, wechselnde Moden hat es schon im alten Rom gegeben, denke ich, und dann fallen mir die weißen Söckchen ein, die Faltenröcke, die Zöpfe, die so wichtig waren in meiner Kindheit. Wie sehr hatte ich bei meinen Eltern um so einen Faltenrock gebettelt, als er damals der letzte Schick war, und noch mehr um eine »Kletterweste«! Meine Eltern wollten von solchen Zwängen nichts wissen, sie fanden, es genügte, wenn ich »ordentlich« aussah. Aber in der Klasse hatten sie alle eine Kletterweste, nur ich nicht! Noch heute kann ich fühlen, dass ich mir nackt und arm vorkam damals.

Was soll man tun mit all den Wünschen, die uns unsinnig erscheinen, weil sie allein von der Werbung diktiert sind?

Also was soll man tun, wenn auf den Wunschzetteln die komplette Löwenausstattung oder Ähnliches erscheint? Mit ein wenig List können wir vielleicht damit zurechtkommen. Ich denke, es ist geschickt, wenn man gleich zu Beginn der Mode ein Stück davon verschenkt, ein Etui, eine Mütze, einen Anorak, Dinge, die sowieso gebraucht werden und die man nun für etwas mehr Geld nach dem neuesten Schrei aussucht. So, dann kann das Kind erst mal mithalten.

Junge Leute sind nicht so wehrlos gegenüber dem Modezwang, wie es die Kinder sind. Man könnte von Schritten zur Unabhängigkeit oder von Etappen der Befreiung sprechen, die natürlich von Kind zu Kind und von Teenager zu Teenager verschieden ablaufen.

Vom Label-Kid zum Teenager mit eigenem Geschmack

Es gibt eine Zeit, da möchte man jede Mode mitmachen, um in der Klasse groß rauszukommen oder jedenfalls nicht abgehängt zu sein. Die Fernsehwerbung diktiert, was »in« ist. Es kommt nicht nur darauf an, den richtigen Stil zu tragen, sondern auch die richtige Marke, das richtige Label. Indem man Turnschuhe, Anoraks, Mützen nur von den teuersten Markenfirmen trägt, zeigt man, dass es daheim an Geld nicht fehlt – wie die Eltern das auch durch die Auto- und sonstige Marken anzeigen.

Die Zeit der Label-Kids

Viele Jugendliche wehren sich vorübergehend auch gegen alle äußeren Zwänge, gegen die Teenie-Modezwänge wie auch gegen den Geschmack der Eltern (und Großeltern). Da ist es »cool«, beim Familienfest in alten Klamotten aufzukreuzen, während die andern sich besonders schön angezogen haben.

Trösten Sie sich: Das dauert meist nicht lange.

Viel härter als die »Kleiderzwänge« bei den Jüngeren sind die Zwänge bei den Teenagern. Für sie ist die Gruppe das Zuhause, und es gibt für sie nichts Schlimmeres, als nicht dazuzugehören. In vielen Gruppen aber muss man rauchen, Alkohol trinken und Drogen nehmen, um »in« zu sein.

Da helfen gut gemeinte Ratschläge von Oma und Opa nichts mehr, und auch die Eltern sind hilflos. Ich möchte Sie darum auf zwei Einrichtungen hinweisen, die Ihre Verbündeten sind. Deren Aufgabe ist es, Kampagnen gegen Sucht durchzuführen. Rufen Sie an oder schreiben Sie dorthin, und bitten Sie um Rat und um Material, das Sie an die Enkel weitergeben können:

Bundeszentrale für gesundheitliche Aufklärung
Postfach 910152
51071 Köln
Tel. 0221-892031

Sie organisieren Aktionen zum Beispiel gegen das Rauchen.

Deutsche Hauptstelle gegen die Suchtgefahren e. V.
DHS
Postfach 1369
59003 Hamm
Tel. 02381-90150

Sie versenden die Broschüre: »Ein Angebot für alle, die einem nahe stehenden Menschen helfen wollen«.

Lesen – eine altmodische Gewohnheit?

»Lesen macht Spaß«, heißt es, doch in dieser allgemeinen Form stimmt der Satz sicher nicht, denn Lesen macht längst nicht allen Menschen Spaß und auch nicht allen Kindern. Die Oma, der Opa, die selbst gern lesen, wünschen sich, dass ihre Enkel die Freude am Lesen entdecken. Außerdem wissen sie, dass Kindern, die gern lesen, in der Schule vieles besser gelingt als den »Lesemuffeln«. Wie gewinnt man Spaß am Lesen? Folgen die Kinder da dem Beispiel der Eltern (und von Opa und Oma)? Ich habe mich einmal umgehört im Freundes- und Bekanntenkreis und bekam die unterschiedlichsten Antworten, aus denen sich keine schlichten Ratschläge herleiten lassen. Zusammenfassend kann man sagen:

Kinder werden auf ganz widersprüchliche Weise zu Leserinnen und Lesern: Manche übernehmen die Lesegewohnheiten ihrer Familie, oder sie übernehmen sie aus Trotz gerade nicht, wie auch umgekehrt aus Familien ohne Bücher leidenschaftliche Leserinnen und Leser hervorgehen können. Auf jeden Fall muss man den Kindern die Entscheidung selbst überlassen über das, was sie lesen wollen.

Die Großeltern sollten nicht versuchen, sich mit ihrer eigenen Meinung über das Lesen und den Wert oder Unwert der Lektüre durchzusetzen, wenn es um Geschenke geht. Wenn ein Kind sich einen Gameboy oder ein Comicheft wünscht und es bekommt stattdessen ein »gutes Buch«, wird es nicht begeistert sein. Doch Buch ist ja nicht gleich Buch, und man sollte sich die Mühe machen herauszufinden, ob man nicht ein Sachbuch schenken kann, das auf die Interessen des Kindes eingeht. Mein kleiner Enkel, der noch nicht lesen kann, bringt zu jedem Besuch bei mir sein Bilderbuch voller

Buchgeschenke nach dem Geschmack der Kinder aussuchen

Fahrzeuge mit, das ich mir dann mit ihm zusammen ansehe. Wenn wir damit fertig sind, wird vorgelesen. Es ist wichtig, dass dazu eine richtig gemütliche Atmosphäre geschaffen wird.

Sie dürfen nicht fehlen: die bekannten Märchen

Beginnen Sie mit den Märchen der Gebrüder Grimm und mit den bekanntesten von ihnen, wie Hänsel und Gretel, Froschkönig, Aschenputtel, Der Wolf und die sieben Geißlein, Schneewittchen. Doch erinnern Sie sich an das Ende von Schneewittchens böser Stiefmutter? Bei den Gebrüdern Grimm heißt es: »Sie wollte zuerst gar nicht auf die Hochzeit kommen, doch ließ es ihr keine Ruhe, sie musste fort und die junge Königin sehen. Und wie sie hineintrat, erkannte sie Schneewittchen, und vor Angst und Schrecken stand sie da und konnte sich nicht regen. Aber es waren schon eiserne Pantoffeln über Kohlenfeuer gestellt und wurden mit Zangen hereingetragen und vor sie hingestellt. Da musste sie in die rot glühenden Schuhe treten und so lange tanzen, bis sie tot zur Erde fiel.«

Was tun mit einem schlimmen Ende?

Vielleicht fällt Ihnen die Diskussion ein, die so erbittert geführt wurde, als unsere Kinder klein waren: Märchen sind zu grausam, sagte man damals, sie gehören nicht in eine moderne Kinderstube. Dann erschien das Buch von Bruno Bettelheim mit dem provozierenden Titel *Kinder brauchen Märchen*, in dem es heißt, dass die Märchen für die Kinder eine uralte Art der Angstbewältigung darstellen und deshalb nötig sind, und allmählich rückten die Märchen wieder in die Kinderstuben vor.

Also was tun mit dem Ende der bösen Stiefmutter? Die Einzelheiten ihres schrecklichen Endes werden wir unsern Enkelkindern ersparen, sie kommen übrigens in den modernen Märchenausgaben gar nicht mehr vor. Aber dass die Stiefmutter einen schlimmen Tod sterben muss, das gehört einfach dazu, damit die Märchenwelt

wieder in Ordnung kommt, in der die Guten, Freund-
lichen, Hilfsbereiten belohnt und die Bösen bestraft
werden.

Neben die Märchenbücher treten die bekannten Geschichten, wie *Die Kinder von Bullerbü* von Astrid
Lindgren oder *Die kleine Hexe* von Otfried Preußler,
und die frechen, wie *Pippi Langstrumpf*, auch von
Astrid Lindgren, oder *Max und Moritz* von Wilhelm
Busch. Je älter die Kinder werden, umso nachdenkli-
chere Kinderromane gibt es für sie, zum Beispiel *Momo*
von Michael Ende.

Seit einigen Jahren hat ein ganz neuer Typ Kinderbuch
die Welt erobert: Die Harry-Potter-Romane von Joanne
K. Rowling. Zurzeit ist der fünfte Band auf dem Markt,
und es sollen weitere folgen, alle sind dick und teuer.
Sie stoßen bei manchen Erwachsenen auf Bedenken,
denn es geht nicht immer lieb und gut zu, der Zauber-
schüler Harry Potter kämpft in einer Fantasywelt rund
um das Internat Hogwarts hart gegen die Mächte des
Bösen. Diese Bücher haben das Wunder vollbracht, Tau-
sende von Kindern, Jugendlichen und ihren Eltern zum
Bücherlesen zu bringen, dafür kann man sie gar nicht
genug loben. Auch Großeltern lesen sie gern.

Doch soll uns das nicht hindern, den Enkeln auch andere Bücher nahe zu bringen, indem wir sie ihnen vorlesen und schenken, unterhaltsame und Sachbücher. In
den Buchhandlungen und Stadt-, Gemeinde- und Pfarr-
büchereien bekommt man guten Rat, wenn man für die

»Harry Potter«,
eine Sensation

87

Enkel Bücher sucht, die zu ihrem Alter und zu ihren Interessen passen; man kann dort auch in Büchern blättern und sich kundig machen.

Mit Büchern fördert man die persönliche Entwicklung der Kinder und ihren Schulerfolg.

Pubertät, Discos und Partys

Eines Tages wird es Ihnen so vorkommen, als sei Ihr netter Enkelsohn oder Ihre nette Enkeltochter ganz verwandelt: Der Junge scheint seine Familie gegen seine Clique eintauschen zu wollen, und das Mädchen schließt sich immer mehr den Freundinnen an, zieht sich so ähnlich an wie sie und telefoniert endlos mit ihnen. Die Kinder beginnen, ihren eigenen Weg zu suchen, sie sind in der Pubertät.

Wenn Sie nicht nörgeln, sondern die jungen Leute respektieren, können Sie zum Ansprechpartner werden

Wenn nicht schon früher, so sollten Sie bei den ersten Anzeichen der Pubertät ein neues, anderes Verhältnis zu Ihrem Enkelkind suchen. Machen Sie sich klar, dass es ein eigener, unabhängiger Mensch sein will, nein: ist, der sich seinen eigenen Platz im Leben schaffen muss. Hören Sie auf, es wie ein kleines Kind zu behandeln, und nörgeln nicht auch noch Sie an seinen Haaren, seiner Kleidung, seiner Musik, seinen Freunden, seinen Gewohnheiten herum. Akzeptieren Sie, dass der Geschmack und die Ansichten Ihres Enkelkindes ganz anders sind als die Ihren und dass das normal ist. Respektieren Sie seine Autonomie, und versuchen Sie, mit diesem jungen Menschen, der Ihnen oft genug noch recht klein und kindlich erscheinen mag, Freundschaft zu schließen – vermutlich kann er Sie und Ihre Zuneigung gerade jetzt sehr gut brauchen.

In diesen schwierigen Jahren geht zuweilen der innere Kontakt zwischen Eltern und Kindern ganz verloren.

So selbst- oder cliquenbezogen die jungen Leute auch wirken, so wollen sie doch auch immer wieder ihre Gedanken und Erkenntnisse diskutieren – wenn es auch scheinen mag, als ließen sie keine andere Meinung gelten. Und das ist es, was die Eltern oft nur schwer ertragen. Seien Sie also großmütiger und geduldiger. Fragen Sie, wie sie sich fühlen, fragen Sie nicht unbedingt nach der Schule, sondern nach der Party, nach der Disco, und lassen Sie sich davon erzählen. Und achten Sie darauf, das Vertrauen des Jugendlichen auf keinen Fall zu missbrauchen.

Sie werden sich wahrscheinlich ausmalen, was sich da abspielt, und Ihre Sorgen kaum verhehlen können. Machen Sie sich klar, dass weder die Eltern noch Sie den jungen Leuten auf Dauer etwas verbieten können, aber zeigen Sie doch, dass nicht alles gleich gut ist, was junge Leute tun. Fragen Sie auch, wie sie eigentlich nach Hause kommen von der Disco oder der Party, in der Nacht oder am frühen Morgen. Das ist die gefährlichste Zeit, die Unfallstatistiken sprechen eine eindeutige Sprache. Vielleicht können Sie als Opa oder Oma gelegentlich das Taxigeld für die Heimfahrt (morgens um 4 Uhr!) spenden? Fragen Sie doch die jungen Leute, wie viel so eine Heimfahrt in der Regel kostet. Ihre Taxispende wäre eine Geste der Liebe und Fürsorge und eine Beruhigung für die Eltern.

Abholservice nach der Disco?

Über Gott reden

Soll man mit den Enkelkindern über Gott reden? Ganz sicher, wenn es einem wichtig ist und die Eltern des Kindes nichts dagegen haben. Und ganz sicher nicht, wenn man über Gott nur reden könnte wie über ein altes Märchen, an das man eigentlich selbst nicht glaubt. In diesen Dingen sollten wir vor allem wahrhaftig sein, um das Vertrauen der Kinder zu uns nicht zu gefähr-

Bleiben Sie ehrlich

den. Überlegen Sie ruhig schon einmal, wie Sie den Enkeln antworten würden, wenn sie nach Gott und den »letzten Dingen« fragen. Solch eine Situation entsteht manchmal ganz unerwartet, und es ist nicht gut, wenn wir uns in ein paar leere Phrasen retten müssen, weil wir auf solche Fragen nicht vorbereitet waren.

Gespräche über Gott finden oft überraschend statt

Ich fügte einmal an ein Märchen, halb im Scherz, die alte Formel an: »Und wenn sie nicht gestorben sind, dann leben sie noch heute.« Mein Enkel ging sofort darauf ein und wollte alles darüber wissen: Sie sind gestorben? Wann, warum? Sind sie begraben worden? Ich sagte: »Das ist schon lange her. Sicher wurden sie begraben, aber ein Stückchen von ihnen, von dir und von mir kann man nicht begraben. Man nennt es die Seele, und sie geht zu Gott.« Danach musste ich Farbe bekennen, von meinem Glauben sprechen und von der Liebe Gottes, die den Menschen umgibt und ihn am Ende erwartet. Der kleine Junge hatte aufmerksam zugehört und gefragt: »Kann man Gott sehen?« Darüber hatten wir uns noch eine Weile unterhalten.

Drängen Sie den Kindern nichts auf

Meine Enkeltochter war währenddessen mit ihrem Puzzle beschäftigt und an dem Thema nicht besonders interessiert. Manchmal sagt sie, dass sie alles, was mit Religion zusammenhängt, »irgendwie komisch« finde, doch tut es mir Leid, denn ich würde sie gern gelegentlich in den Kindergottesdienst oder zu einem Gemeindefest mitnehmen. Aber dann tröste ich mich, dass sich vielleicht später einmal andere Anknüpfungspunkte finden, um darüber zu reden: zum Beispiel die Musik oder die Kunst. Und was das Mitnehmen in den Kindergottesdienst anbelangt, so bin ich wirklich vorsichtig geworden, damit nicht auch die kleinen Jungen eines Tages den Pastor »irgendwie komisch« finden. Viel leichter gewinnen sie wohl Zugang über Kinderbücher, die biblische Themen auf eine heutige, kindgemäße, unverkitschte Weise darstellen.

Was aber soll man tun, wenn man fürchten muss, dass es den Eltern der Enkel nicht gefällt, wenn man mit den Kindern über Gott und über den Glauben spricht? Wenn sie es gar verbieten, vielleicht weil sie befürchten, die Kinder könnten dadurch mit Hölle, Schuld und Sünde belastet werden? Die Oma kann versichern, so sei ihr Glaube nicht, sie kann erklären, dass es normal ist, dass Kinder und alte Leute sich für Gott und die letzten Dinge interessieren und miteinander darüber reden. Sie kann versichern, dass sie den Kindern doch helfen wolle, sich im Leben geborgener zu fühlen. Doch wenn all das die Eltern nicht umstimmt? Ich denke, zu einem Konflikt sollte man es nicht kommen lassen, einmal aus Respekt vor den Eltern, zum anderen, weil die Oma dabei sicher den Kürzeren ziehen würde. Es bleibt uns doch, wenn uns an Religion liegt, für unsere Enkelkinder zu beten, und eines Tages mögen sich Wege finden, die Großeltern und Enkelkind im Gespräch über Glaubensfragen zusammenführen.

Und wenn den Eltern religiöse Gespräche missfallen?

Was schenkt man seinem Enkelkind?

Großeltern schenken gern, doch wollen sie nicht die Liebe ihrer Enkelkinder erkaufen und sich nicht ausbeuten lassen. Außerdem wollen sie nicht die Müllberge vergrößern, indem sie unnützen Kram kaufen, der vier Wochen nach Weihnachten oder schon viel schneller vergessen in der Ecke des Kinderzimmers liegt. Sie möchten es richtig machen mit den Geschenken, aber wie?

Was soll man schenken?

Die Wunschzettel der Enkelkinder sind lang, und die verschiedenen Wünsche summieren sich zu einer schönen Stange Geld. Ob die anderen Großeltern und die Onkel und Tanten die gleiche Liste bekommen haben, oder wurde sie individuell angefertigt?

Die Wunschzettel der Enkel sind keine Bestellzettel

Eigentlich müssten wir uns abstimmen und festlegen, wer was übernimmt: Tante Herta die Skier, die anderen Großeltern die Stiefel, ich selbst den Anorak dazu. Das ist ja wie bei einer Hochzeit, für die Geschenklisten aufgelegt werden!, denke ich schließlich verärgert. Ich selbst hatte die Idee mit den Wunschzetteln gehabt, ohne mir aber vorstellen zu können, was nach ein paar Jahren daraus werden würde: Bestellzettel, wenn man's genau nimmt.

Das Wichtigste: mit Freude schenken

Doch ich will das Schenken, das mir so viel Freude macht, nicht zu einem Problem werden lassen. Ich werde die Wunschzettel als Anregungen betrachten, auch als Hinweise auf den Entwicklungsstand und den Charakter, auf die Interessen und das Temperament der Enkel, aber nicht als Bestellzettel. Ich will mich frei fühlen in dem, was ich schenke und was ich nicht schenke. Sicher werde ich die Eltern der Enkelkinder um ihre Meinung fragen, aber richtig festlegen will ich mich nicht – ein bisschen Überraschung soll ja übrig bleiben, denke ich lächelnd.

Neulich hatte ich eine noch bessere Idee, ich ließ mir nämlich die Wünsche der achtjährigen Tanja von ihr selbst am Telefon erklären. Es wurde ein herzliches und inhaltsreiches Gespräch, bei dem ich meine eigenen Vorlieben und Abneigungen nicht verhehlte. Dann kaufte ich, was meinem Wunsch für das kleine Mädchen entsprach: ein Paar Inline-Skates, mit denen Tanja ihre körperliche Geschicklichkeit weiterentwickeln kann. Es wurde ein großer Erfolg.

Beim gemeinsamen Einkaufsbummel Wünsche erkunden

Eine andere gute Gelegenheit zu erfahren, was die Kinder sich wünschen, ist ein Bummel durch die Stadt. Gönnen Sie es ihnen, lange Zeit vor dem oder im Spielwarenladen zu verweilen und Wunschträumen nachzuhängen – es ist einfach schön, alles in Ruhe ansehen zu können, ohne dass man von einer eiligen Mutter weitergezerrt wird. Aber wie wir uns nicht jeden Wunsch erfüllen wollen oder können, müssen wir auch nicht jeden Kinderwunsch als »Bestellung« betrachten. Vielleicht hat die Mutter zu verstehen gegeben, wie notwendig ein neues Kleid oder ein Anorak wäre, und so kaufen wir im Spielzeugladen nur eine witzige Kleinigkeit und gehen nach einer Pause im Eiscafé in die Kleiderabteilung, um etwas Praktisches und Hübsches für den Geburtstag zu finden. Wir müssen nicht mit einer Autorennbahn nach Hause kommen.

Über das Schenken machen sich die Großeltern Gedanken, seit sie erfahren haben, dass ein Enkelkind unterwegs ist. Sie sollten dieses erste Kind und seine Eltern nicht mit kostbaren Geschenken überhäufen, sondern daran denken, dass noch weitere Enkel folgen können, die sie doch gleich behandeln müssen, mindestens am Anfang. Später werden sich die Geschenke mehr nach der Individualität des Kindes und nach der wirtschaftlichen Lage der Eltern richten.

Das erste Enkelkind nicht mit Geschenken überhäufen

Als sinnvolle und nützliche Geschenke für das Neugeborene eignen sich:

Geschenkvorschläge für das Neugeborene

• ein Gutschein für das Kinderbett, den Kinderwagen, für Kinderstuhl und -tisch oder sonstige »Babygerätschaften«

• ein Overall für die Ausfahrten im Kinderwagen

• handgestrickte Pullover in mehreren Größen (Achtung, dass der Halsausschnitt groß genug ausfällt!)

• ein Windelabonnement bei einem Windelwaschsalon, um auch etwas für die Müllvermeidung zu tun, oder ein Abonnement auf Plastikwindeln

• ein Sparbuch

* eine Goldmünze

* eine Ausbildungsversicherung.

Geschenk-
vorschläge
für die
Größeren Zum ersten Geburtstag können Sie mithilfe der jungen Eltern das Wunschzettelsystem einführen, aber das hat auch seine Schattenseiten, wie oben beschrieben. Hier ein paar allgemeine Tipps:

* Schenken Sie in jedem Alter Bücher, schon den Einjährigen.

* Schenken Sie etwas für den Garten, den der Eltern oder Ihren eigenen: den Sandkasten, eine Wasserpumpe, eine Schaukel, ein Federball-, ein Krocket- oder Bocciaspiel, den Tischtennistisch und so weiter.

* Schenken Sie keine lebenden Tiere, auch wenn Sie noch so sehr erbeten werden! Schon ein Meerschweinchen verlangt regelmäßige Pflege, Aufsicht, Reinigung – Arbeiten, die nur zu oft an den Eltern hängen bleiben.

* Wenn Sie es sich leisten können, schenken Sie den Kindern den (City-)Roller und das Fahrrad, und zwar ein gutes, sicheres Modell. Oder schenken Sie den Helm dazu. Das erste Fahrrad, noch mit Stützrädern, bekommen die Kinder oft schon mit etwa drei Jahren. Wenn sie zur Schule gehen, brauchen sie dann ein größeres, das vielleicht auch eine Gangschaltung hat. Später kann das Fahrrad sehr teuer werden, wenn es nämlich für die jungen Leute zum Prestigeobjekt oder Hobby geworden ist.

Geschenke für
die Hobbys Es gibt zum Glück preiswertere Hobbys, und sie eröffnen den Großeltern ungezählte Geschenkmöglichkeiten. Versuchen Sie schon früh, Vorlieben oder Hobbys in Ihren Enkelkindern auszumachen oder zu wecken, und fördern Sie sie mit der dafür nötigen Ausrüstung:

• *den Musikliebhabern* ein Instrument (auch einmal eine Mundharmonika), Noten, Musikunterricht, CD-Player, Discman, CDs oder MP3-Player, Karten für ein Konzert, möglichst in der Geschmacksrichtung der Kinder

• *den Leseratten* Bücher, die Sie zusammen aussuchen; ein Abonnement für eine Schülerzeitung, die Mitgliedskarte für die städtische Bücherei, Kinokarten oder ein Abonnement fürs Theater

• *den Sportlern* Sportgeräte, Bälle, Sportkleidung, Eintrittskarten für ein Spiel ihrer Mannschaft, Bücher und Bilder von Sport und Sportlern

• *den Bastlern* Laubsäge, Handwerkszeug, Bastelkästen, Modellbögen und Bausätze (für Modellflugzeuge oder Drachen und so weiter), Werkbücher

• *den Gestaltern* viele Farben, viele Sorten Papier, Modelliermasse, viele Stoffreste, Knöpfe, Wolle, Garn, Spitze, Bücher mit Anregungen und Schnittbögen, den Besuch einer Kunstausstellung

• *den Fotofreunden* einen Apparat, Filme, Ausrüstung, Alben, das Material für eine Dunkelkammer zum Entwickeln, den Besuch einer Fotoausstellung

• *den Sammlern* Alben und ihre Sammelgegenstände, also Briefmarken, Münzen oder Sticker

• *den Naturforschern* Lupe, Fernglas, Mikroskop, Taschenmesser, Blumenpresse, Bestimmungsbücher, Experimentierkästen und -bücher, Aquarium, Terrarium, Pflanzen und Stecklinge

• *den Abenteurern* Rucksack, Fernglas, Kompass, Taschenlampe, Jugendherbergsausweis, Taschenmesser, Schlafsack, Isomatte, Zelt, Fahrradflasche und -taschen, Interrail-Bahnkarte

• *den Computeranfängern* einen Kindercomputer, an dem Sie gemeinsam lernen können, wenn Sie selbst noch nichts davon verstehen.

 Schenken Sie den Enkeln aber nicht nur die Ausrüstung für ihre Hobbys, sondern auch Ihr Interesse und Ihre Zeit dafür. Erkundigen Sie sich nach Fortschritten und Misserfolgen, begutachten Sie die Produkte, bieten Sie den Kindern an, sie gelegentlich zu ihren Kursen oder sonstigen Terminen zu fahren, wenn sie anders nicht dorthin kommen können, und richten Sie es ein, an den kleinen Aufführungen der Musiker, bei den Wettkämpfen der Sportler und den Schultheaterspielen als Zuhörer und Zuschauer dabei zu sein.

Zum Schluss noch zwei allgemeine Fragen:

Geld schenken? Soll man Geld schenken? Geld ist immer ein eher unpersönliches Geschenk. Doch gilt auch hier, wie in allen Fragen der Erziehung: keine Regel ohne Ausnahme. Darum kann es auch mal richtig sein, Geld zu schenken, vor allem, wenn es ein Beitrag ist zu einem größeren Vorhaben: für eine Klassenfahrt, eine von der ganzen Familie ersehnte Anschaffung wie ein Klavier, ein Auto, ein Gartenhäuschen. Größere Geschenke sollten Sie aber mit den Eltern absprechen.

Waffen schenken?

Soll man »Waffen« schenken, »Kriegsspielzeug«, wenn die Kinder es sich so sehr wünschen und die Eltern es ablehnen? Es besteht ein Unterschied zwischen der Spielzeugpistole des Kindergartenkindes und den Panzern, Kriegsflugzeugen und dazugehörenden Heftchen samt Videospielen der Größeren. Ich glaube, dass man bei der Spielzeugpistole oder dem Plastikschwert nicht zu grundsätzlich sein sollte, wenn man fühlt, wie viel sie dem Kind in diesem Augenblick bedeuten. Ballern befreit auch mal! Sie sollten freilich über die Gründe sprechen, die Sie zögern lassen. Die Erfahrung zeigt, dass die Faszination einer Spielzeugpistole bald nachlässt, wenn das Kind genug andere Spiele spielen kann. Auf jeden Fall sollten Sie die Meinung der Eltern nicht einfach übergehen, sondern ihnen erklären, warum Sie dem Kind den Wunsch erfüllen wollen.

Die Schule – auch ein Thema für die Großeltern

Soll Schule eigentlich Spaß machen?

In der Schule sollen die Kinder etwas lernen, und sie sollen sich wohl fühlen. Doch für viele Kinder ist das eine oder das andere oder beides schwierig. Die heutigen Kinder werden von ihren Lehrerinnen und Lehrern manchmal als kleine »Egomonster« beschrieben, als Kinder, die nicht gelernt haben, sich zurückzunehmen, Kompromisse zu schließen oder Bedürfnisse nicht sofort erfüllt zu bekommen. Eine Ursache ist vielleicht in der Ein-Kind-Familie zu suchen, in der es nur wenig Anlass gibt, Rücksichtnahme, Kompromiss und Verzicht einzuüben. Die Kommunikation mit Eltern und

Geschwistern, mit Nachbarskindern und Freunden wird durch die schnelle und bequeme Unterhaltung der Medien ersetzt. Dort finden die Kinder jene starken Reize, die sie ständig brauchen, ohne sie lassen ihr Interesse und ihre Aufmerksamkeit sofort nach.

Die Folgen dieser Veränderungen sind lästig für die Lehrer, denn die Kinder hören ihnen kaum noch zu und können nicht konzentriert bei einer Sache bleiben. So wird der Unterricht zu einem ständigen Kampf um Ruhe und Aufmerksamkeit. Das ist auch lästig für die Schüler selbst. In den Klassen sorgen Kinder, die wenig Erfahrung mit Rücksichtnahme und dem Lösen von Konflikten haben, für einen rauen Ton, für ein Klima ständiger Aufgedrehtheit, die schnell in Gereiztheit und Aggressivität umschlägt.

Sie sehen: Die heutige Schule ist keine Idylle. Das sind die Bedingungen, unter denen Ihre Enkelkinder mit mehr oder weniger Erfolg etwas lernen, was sich schließlich in Zeugnissen niederschlägt.

Gespannt warten die Eltern darum auf die Ergebnisse der Klassenarbeiten, die Spannung steigt zum Ende des Schuljahres, wenn es um die Versetzung geht, und der Übergang zur weiterführenden Schule wird zu einer Art Schicksalsfrage. Die Großeltern tun gut daran, sich in diese Spannung nicht mit hineinziehen zu lassen und den Stress nicht noch zu vergrößern.

Gewiss, Klassenarbeiten sind wichtig und Zensuren sind wichtig, aber noch wichtiger ist es, dass ein Kind sich wohl fühlt und sein Selbstwertgefühl entwickeln kann. Versetzung oder Hängenbleiben entscheiden nicht über Sein oder Nichtsein des jungen Menschen; der Erfolg im Leben hängt mehr von Kreativität, Mut und Fleiß ab als von den Schulzensuren. Trotzdem werden die Großeltern auch etwas zum Schulerfolg beitragen wollen.

Schulkinder brauchen einen eigenen Platz, an dem sie ihre Schulsachen verwahren und ihre Hausaufgaben machen können. Man kann diskret nachschauen, wie es damit bestellt ist, und anbieten, dem Enkelkind ein Regal, einen zweckmäßigen Stuhl oder gar einen Schreibtisch zum Geschenk zu machen oder sich an deren Anschaffung zu beteiligen.

Vielleicht fehlt es am Schreibtisch?

Wichtiger als das ist den Kindern der Computer, und wenn sie noch keinen besitzen, werden sie nicht ruhen, den Großeltern klar zu machen, wie wichtig er für ihren Schulerfolg ist.

Das mag so sein oder nicht, ein Schüler ohne Computer fühlt sich heute einfach »außen vor«. Reden Sie mit den Eltern über die Gründe, warum das Kind keinen Computer hat, und versuchen Sie zu vermitteln, wenn es sich um einen lang anhaltenden Familienstreit handelt. Wenn irgend möglich, tragen Sie dazu bei, dass auch dieses Kind einen Computer bekommt, damit es sich nicht länger schlecht fühlen muss.

Was alles über Computerspiele zu sagen ist, finden Sie im Kapitel »Alles, was einen Bildschirm hat …«

Sie werden sich fragen, ob der Computer mit seinen Spielen vielleicht zu jenem Klima von Gereiztheit und Aggressivität beiträgt, von dem schon die Rede war.

Der Gedanke liegt nahe, aber sehen Sie es einmal unter dem Gesichtspunkt, dass damit vielleicht ein bisschen Ich-Stärke gestiftet wird, die Ihr Enkelkind für die Schule braucht.

Mobbing

Sicher erfahren Sie viele böse Geschichten aus der Schule, die Ihnen Ihre Enkel voll Aufgeregtheit und Empörung über diesen Schüler oder jene Lehrerin erzählen. Mit Anteilnahme und Verständnis sollten Sie sich bemühen, die Wogen zu glätten. Versuchen Sie, der schnellen Verurteilung von Mitschülern oder Lehrern, die dem Kind nicht recht passen, etwas entgegenzusetzen, zeigen Sie Wege auf, wie Ihr Enkelkind in der Schule mit anderen besser zurechtkommt. Damit helfen Sie dem Kind mehr, als wenn Sie es in seinem »Hass« unterstützen.

Sie müssen jedoch eingreifen und dem Kind helfen (bzw. mit den Eltern diese Sorge teilen), wenn es ernstlich und dauerhaft bedroht und gedemütigt wird. In den Schulen kommen zunehmend Fälle von »Mobbing« vor, die über Hänseleien und die uralte Missachtung von Außenseitern hinausgehen. Kinder werden von ihren Mitschülern (Mädchen und Jungen) mit verletzenden Bemerkungen fertig gemacht, gedemütigt, sexuell belästigt, erpresst, geschlagen, bestohlen: systematisch und von ganzen Gruppen (die oft durch einen Anführer dominiert und kontrolliert werden), und sie werden bedroht, damit sie schweigen und sich keine Hilfe suchen. Meist weiß die ganze Klasse Bescheid, doch haben viele Angst, sie könnten in die Rolle des Opfers geraten, wenn sie den Fall zur Sprache bringen.

Ihr Enkel oder Ihre Enkelin kann Opfer solchen Mobbings werden, jedem Kind kann das passieren. Vielleicht erkennen Sie oder die Eltern dies nur daran, dass das Kind bedrückt ist, sich nicht mehr über die Schule äußert, sich morgens »krank« fühlt oder aus unerklärlichen Gründen etwas nicht stimmt: Geld wurde »verloren«, eine Verletzung ist »aus Versehen« passiert und so weiter. Die Eltern müssen sich dann an die Klassenleitung und die Schulleitung wenden, und die Lehrer und Lehrerinnen werden alles tun, um das Mobbing abzustellen – was ein langer und schwieriger Prozess werden kann. Vielleicht braucht das betroffene Kind auch eine Weile eine professionelle Unterstützung durch eine Beratungsstelle, um die Geschehnisse zu verarbeiten und Mut zu einem neuen Start zu finden.

Vielleicht entnehmen Sie den Andeutungen Ihres Enkelkindes auch, dass es über einen Fall von Mobbing Bescheid weiß und sich nicht traut, etwas zu unternehmen. Dann können Sie sich darüber freuen, dass das Kind Unrecht als Unrecht erkennt und nicht gleichgültig ist, und Sie können es darin unterstützen, nach Lösungen zu suchen. Auch in diesem Fall kann man sich an die Schule wenden, denn die Lehrer und Lehrerinnen wissen natürlich, dass sie den Kindern Anonymität und Vertraulichkeit zusichern müssen.

Kinder fördern

Wenn Sie die sprachlichen Fähigkeiten und die Intelligenz der Kinder fördern wollen, dann lassen Sie sich etwas erklären, zum Beispiel das Funktionieren eines Spielzeugautos, eines Baggers auf der Baustelle oder die Herstellung einer Speise, die Ihr Enkel selbst zubereitet hat. Diese Versprachlichung ist eine große Lernhilfe.

Auf keinen Fall sollte man schulische Leistungen mit Geld oder mit besonderen Geschenken belohnen. Sich freuen und das Kind loben, das ist wichtig! Es darf nicht der Eindruck entstehen, als arbeite das Kind in der

Zensuren nicht mit Geld belohnen!

Schule für eine Bezahlung oder Belohnung, denn eine solche Motivation hält nicht auf Dauer. Die Leistungen des Kindes sind seine eigenen, sie begründen seinen Stolz und machen es selbstständiger und unabhängiger.

Wichtiger als alles aber sind Anerkennung und Lob, Annahme und Ermutigung auch dann, wenn die Leistung nicht zufrieden stellend war.

Schularbeiten beaufsichtigen Wenn es die Aufgabe der Großeltern ist, ihr Enkelkind am Nachmittag zu betreuen und die Schularbeiten zu beaufsichtigen, kommen sie dem »Problem Schule« noch näher. Sie können dann nicht mehr frei entscheiden, wie viel Aufmerksamkeit sie auf die Schule verwenden wollen, sondern müssen sich auch da anpassen, wo es ihnen wenig sinnvoll erscheint. So kommen sie auch den Problemen und Schwächen ihres Enkelkindes wesentlich näher.

Eigentlich sollen Kinder ihre Hausaufgaben allein machen. Es ist hilfreich, von Anfang an abzuklären, wann das geschehen wird: gleich nach der Schule, nach dem Mittagessen, ab 15 Uhr? Es ist auch hilfreich, jeden Tag zu fragen, was für Aufgaben zu lösen sind, denn die Kinder stöhnen oft über den Berg von Arbeit, der vor ihnen liegt, ohne sich klar zu machen, was wirklich zu tun ist. Oft schmilzt der große Berg Arbeit zusammen, wenn man ihn sich genauer ansieht. Sie haben dann die Aufgabe, eine ruhige Arbeitsatmosphäre zu schaffen, vielleicht gelegentlich ein gutes Wort zu sagen und am Ende zu schauen, ob alles ordentlich aussieht.

Was tun mit dem überaktiven Kind? Was kann man tun, wenn das Kind unkonzentriert ist, wenn es auf seinem Stuhl hin- und herzappelt und mit der Arbeit nicht vorankommt? Wenn es Wutausbrüche bekommt, weil irgendetwas nicht gelingt oder es noch nicht fernsehen oder spielen darf, mit Freunden oder am PC? Sie sollten wissen, dass dem zappeligen Kind mit Ermahnungen nicht zu helfen ist, denn es zappelt ja nicht mit Vorsatz und kann sein Verhalten nicht kontrollieren. Setzen Sie das ein, was Sie zu »bieten« haben: liebevolle Aufmerksamkeit, geduldiges Zuhören und Zureden. Auf jeden Fall sollen Sie sich nicht »schuldig« fühlen, nicht als Versager, weil Sie es nicht fertig bringen, Ihr Enkelkind bei den Hausaufgaben zu beaufsichtigen. Sie müssen das Problem des überaktiven Kindes mit den Eltern besprechen, es an sie »zurückgeben«, vielleicht finden sie mit dem Schulpsychologen oder der Erziehungsberatung eine Lösung.

Selbstständig werden

Stellen Sie sich vor, die Mutter der besten Freundin Ihres Enkelkindes Anna-Lena (11) hat vorgeschlagen, eine Radtour zu unternehmen und in Zelten zu übernachten. Die Eltern zögern mit der Einwilligung, sie denken an die Gefahren auf der Straße, an die Kälte im Zelt, das »wilde Leben« auf dem Zeltplatz, Unfälle, »schlechte Freunde«. Anna-Lena möchte gern mitfahren und hofft, dass sie bei Ihnen Unterstützung findet. Wird sie Glück haben, werden Sie den Eltern zureden, die Einwilligung zu geben?

Wenn Ihr Enkelkind mit einer solchen Bitte zu Ihnen kommt, können Sie stolz sein. Offenbar denkt es, dass Sie nicht so ängstlich sind wie andere Großeltern. Gewiss, ein langes Leben hat uns Ältere gelehrt, dass Gefahren überall lauern, und wir kennen genug Beispiele dafür, was alles schon passiert ist. Es ist Teil unserer Aufgabe, Erfahrungen aus der Vergangenheit an die nächste und übernächste Generation weiterzugeben. Doch vieles hat sich geändert, nicht nur zum Schlechten. Unser Umfeld ist sicherer geworden, soweit es nicht dem Verkehr ausgesetzt ist (von Gefahren abgesehen, die dem Auge nicht sichtbar sind). Deshalb

Ist die Welt gefährlicher geworden?

brauchen Großeltern nicht länger die Rolle der immer ängstlichen Warner zu spielen, die ihnen früher zukam.

Wie also können Sie sich verhalten, falls ein Enkelkind Ihre Unterstützung erbittet gegen seine vielleicht überängstlichen Eltern, die ihm zu wenig Spielraum lassen für das Selbstständigwerden? Wie weit müssen Sie selbst diesen Spiel- und Lernraum respektieren?

In einer Anzeige der »Bundeszentrale für gesundheitliche Aufklärung im Auftrag des Bundesministeriums für Gesundheit« heißt es:

Kinder brauchen
Abenteuer

• »Kinder, die sich langweilen im täglichen Trott, suchen oft Aufregung und Abwechslung in Alkohol, Tabletten und Drogen. Wer gelernt hat, Neues zu entdecken, weiß, dass es bessere Möglichkeiten für ein spannendes Leben gibt.

• Kinder suchen Abenteuer, wollen was erleben, sich spüren und erproben. Dazu brauchen sie Raum und Zeit für Spiel und Spannung. Und jemanden, der das mit ihnen teilt. Fernsehen, Kino, Videos und Computerspiele sind kein Ersatz für selbst erlebte Abenteuer.

• Es ist schwer, Kinder nach und nach aus der Fürsorge zu entlassen. Schutz und Halt zu bieten, auch wenn sie mal über die Stränge schlagen, ist eine Voraussetzung dafür. Sich Zeit nehmen für gemeinsame Abenteuer, selbst mal mitmachen, Anschluss an kreative und aktive Gruppen ermöglichen gehört dazu …

• Wir können viel dagegen tun, dass Kinder süchtig werden. Kindern Abenteuer zu ermöglichen ist ein Teil davon.«

Anna-Lenas Großeltern können mit den Eltern in diesem Sinne reden und ihnen – auf hoffentlich zurückhaltende und überzeugende Weise – erklären, dass es für ihre Tochter wichtig und eine große Chance ist, an dem geplanten Abenteuer »Fahrradtour« teilzunehmen und zu sehen, wie viele Abenteuer das Leben bietet und wie wenig es braucht, um sie zu erleben. Anna-Lenas Eltern werden am Ende vielleicht sogar dankbar sein, dass sie so verständnisvolle, moderne Großeltern hat.

Dürfen Kinder also alles, nur damit sie genug Abenteuer erleben können? Fast scheint es so, wenn man die heutige liberale Erziehung mit der strengen von früher vergleicht. Tatsächlich aber sind die Kinder heute viel eingeschränkter, leben in einer viel stärker organisierten, eingegrenzten, beschränkten Welt, haben einfach zu wenig Freiräume, um in Ruhe eigene Erfahrungen sammeln zu können. Denken Sie doch einmal daran, was es alles nicht mehr gibt! Die Höfe und Hinterhöfe zum Beispiel, in der Stadt wie auf dem Lande, die damals unsere Spiel- und Abenteuermöglichkeiten waren, sind zu Garagenhöfen geworden. Und wie viel leichter war es, als unsere Kinder klein waren, mit dem Fahrrad hinaus ins Freie zu gelangen – da brauchten keine Radtouren organisiert zu werden. Wie viele Kinder konnten damals noch einfach rausgeschickt werden zum Spielen. Wir behielten sie

dabei im Auge, während sie heute mit dem Aufzug nach unten fahren müssen, und weil sie dann ohne Aufsicht wären, behält man sie lieber in der Wohnung. Man sagt, die Kindheit sei »verhäuslicht«, und das heißt auch, dass sie viel stärker kontrolliert ist als früher.

Das Selbstständigwerden der Kinder war und ist für die Verantwortlichen eine Gratwanderung zwischen Behüten und Loslassen. Es verläuft auch nicht für alle Kinder gleich: Meine zuverlässige siebenjährige Enkeltochter kann allein mit dem Bus zur Musikstunde in die Stadt fahren, nachdem ihre Mutter den Weg und alle nötigen Verhaltensweisen mit ihr mehrmals durchgespielt hat. Ihr fantasievoller und eigensinniger Bruder wird aber wohl länger warten müssen, bis man ihm so viel Eigenverantwortung zutrauen kann. Wichtig ist, dass die Erwachsenen diese Schritte genau durchdenken und sorgfältig vorbereiten bzw. einüben.

Das Selbständigwerden ist eine Gratwanderung zwischen Behüten und Loslassen

Und so geht es immer weiter, immer wieder kommt es zu Kämpfen zwischen Jugendlichen und Eltern, zwischen dem Bedürfnis nach Selbstständigkeit und dem Festhalten an der Kontrolle (siehe dazu auch Stichwort »Pubertät«, Seite 88).

Kinder brauchen Grenzen, und sie brauchen unsere Erfahrung, weil wir einfach mehr wissen vom Leben. Wir wissen, was Spaß macht, aber auch, dass man nicht alles haben kann und manchmal auf etwas verzichten muss. Darüber müssen wir mit ihnen reden, wenn sie im Begriff sind, ihr Leben und ihre Zukunft in Gefahr zu bringen – wenn sie gefährliche Sportarten betreiben zum Beispiel, nur weil es »cool« ist und den »Kick« bringt, alles zu riskieren; wenn sie nachts zu viel unterwegs sind; wenn sie die Schule vernachlässigen. Wir müssen mit ihnen reden, denn mit Verboten ist ihnen nicht geholfen. Und in guten Momenten wird unser Ratschlag auch angenommen.

Viel Spielzeug – und doch nicht das Richtige?

Wenn man ein wenig Ordnung in die Fülle des Spielzeugs bringen will, kann man sagen: Auf jeder Altersstufe brauchen die Kinder:

Sechs Sorten Spielzeug, die die Kinder brauchen

1. etwas zum Liebhaben
2. etwas zum Bewegen und Toben
3. etwas zum Bauen und Konstruieren
4. etwas zum Gestalten
5. etwas für das Rollenspiel
6. etwas für das gemeinsame Spiel
Und Bücher!

Und Lernspiele? Eigentlich lernen die Kinder bei jedem Spiel; »Spiel ist die Arbeit des Kindes«, hat die große Pädagogin Maria Montessori gesagt.

Die sechs Kategorien beziehen sich auf das nützliche, vernünftige, pädagogische Spielzeug. Darüber hinaus brauchen die Kinder freilich auch noch »dumme Sachen«, sie brauchen Knaller und Krachmacher, Plastikpüppchen und Comics und Papierblumen. Ein Glück, wenn sie eine Großmutter haben, die manchmal so ein zauberhaftes, dummes Ding aus der Tasche zieht, und einen Opa, der gern eine Überraschung mitbringt!

Schauen Sie sich beim nächsten Besuch im Zimmer Ihrer Enkel um, ob Spielzeug aus allen sechs Kategorien vorhanden ist. Wenn Sie meinen, dass da etwas fehlt, können Sie darüber vielleicht mit den Kindern sprechen oder sonst mit den Eltern, oder Sie fragen direkt im Spielzeuggeschäft nach, wie die Lücke mit einem altersgemäßen Geschenk zu füllen wäre. Sehr sachkundige Informationen gibt der Ratgeber »Vom Spielzeug und vom Spielen«, den Sie in Bibliotheken finden oder bestellen können beim:

Spiel gut Arbeitsausschuss Kinderspiel + Spielzeug e.V.®
Neue Straße 77 – 89073 Ulm
Tel. 0731-65653

In der folgenden Zusammenstellung finden Sie, was Kinder gerne haben möchten und was man alles schenken kann.

Spielzeug für Babys

Für die Babys: Zum Liebhaben ein Kuscheltier, zum Bewegen Bälle und Ziehtiere, zum Bauen große weiche Würfel und Plastikbecher, die genau ineinander passen und mit denen sie lernen, einen Turm zu bauen. Die ganz Kleinen bekommen ihr Bettchen dekoriert mit allerlei Spielzeug zum Anschauen und Greifen und neben das Bett eine Spieluhr, die ein Schlaflied spielt. Gern haben sie einen Beißring und eine Rassel und einen Glockenwürfel, der klingt. Und dann die Schwimmtiere für die Badewanne!

Was man braucht, wenn man kein Baby mehr ist

Zum Liebhaben: noch mehr Kuscheltiere? Meist haben Sie davon schon zu viele, um sie wirklich lieb haben zu können, aber sie brauchen einen Teddybären oder dergleichen und Puppen.

Zum Bewegen und Toben: Bälle und Springseil, Schaukelpferd und Dreirad, Schubkarre und Roller, Schlittschuhe, Roller-Skates.

Zum Bauen und Konstruieren: Sandkastenspielzeug, Holzklötze in verschiedenen Farben und Formen, Plastikbausteine, wie die großen Duplo- und die kleinen Legosteine, die mit ihren Noppen fest ineinander gefügt werden. Konstruktionskästen, ein Holzeisenbahnsystem mit Gleisen, Weichen, Brücken und mit batteriebetriebenen Loks.

Zum Gestalten: Malkittel und Fingerfarben, dafür Papier und immer wieder Papier. Wasserfarben, Stifte,

Buntpapier, Schere, lösungsmittelfreien Klebstoff. Kreide und Tafel. Knete und selbsthärtenden Ton. Legespiele, Steckspiele, Hammerspiele, Magnetspiele und Puzzles. Perlenspiel, Strickliesel, Flechtrahmen, Webrahmen, Werkzeugkasten.

Für das Rollenspiel: Kaufmannsladen, Ritterburg, Puppenstube, Puppenausstattung wie: Bett, Wagen, Herd, Geschirr, Kleider. Kasperlefiguren. Autos, Laster, Bagger ...

Für das gemeinsame Spiel: Brettspiele (schon ab drei Jahren), Memory (bei dem immer die Kinder gewinnen), Kartenspiele, Würfelspiele, Spiele für den Garten wie Federball, Boccia, Krocket. Und spielen Sie selbst mit!

Für alles Spielzeug gilt:

Ratschläge
für das richtige
Spielzeug

• Schenken Sie kein »Wegwerfspielzeug«, das eine Wegwerfmentalität schafft, sondern solide Dinge, die den Umgang mit ungeübten Kinderhänden vertragen. Vermeiden Sie die Enttäuschung, dass ein Auto nach einer Woche kaputt ist.

• Schenken Sie den kleinen Kindern größere Teile und den größeren Kindern kleine Teile, das gilt für Bälle, Holztiere, Autos, Bauteile und so weiter. Die Kinder entwickeln an den größeren Teilen ihre Feinmotorik und können sie später an kleinen Teilen einsetzen. Kleine Teile sind für kleine Kinder gefährlich, sie können sie verschlucken oder in Ohren und Nase stecken.

• Schenken Sie kleineren Kindern nichts, was allzu viel Lärm macht, denken Sie an die Nerven der Eltern! Also keine Trommeln, Trompeten und keine Autos, deren Reiz in Sirengeheul oder Geknatter besteht.

- Vermeiden Sie »kindertümelnd« aufgemachtes Spielzeug. Aufgeklebte Babybildchen garantieren nicht, dass es sich um gutes Babyspielzeug handelt, kleine aufgemalte Saurier, Bären, Bambis vergrößern den Spielwert nicht, sondern verhindern eher das Erfassen von Farbe, Form und Funktion eines Spielzeugs.

- Seien Sie zurückhaltend mit mechanischem und elektronischem Spielzeug, mit dem man nicht viel mehr tun kann, als ein paar Knöpfe zu bedienen (wie zum Beispiel elektrische »Gitarren«). Ein kleines Aufziehspielzeug, mitgebracht vom Jahrmarkt, entzückt Kinder und Erwachsene, doch ist sein Reiz schnell erschöpft.

- Schenken Sie Grundausstattungen von Spielzeugsystemen, die Sie später ergänzen. Besser von wenigen Systemen viel als von vielen Systemen wenig.

- Schenken Sie Spielzeug, das vielfältig zu gebrauchen ist, das man verändern, umbauen, zu immer neuen Zwecken verwenden kann und das lange hält.

Stehlen und Lügen

»Ich war das nicht!«

Waren Sie schon einmal ratlos in einer Situation, wie sie meine Nachbarin erlebt hat? Ihre kleine Enkeltochter Maja (5) war zur Toilette gegangen, als plötzlich ein Klirren aus dem Badezimmer zu hören war. Maja kam kurz darauf ins Wohnzimmer zurück, setzte sich an den Tisch und spielte weiter Memory mit ihrer Oma, als sei nichts passiert. Die dachte: War da nicht was, ist da nicht etwas kaputtgegangen?, sagte aber nichts, sondern wartete das Ende des Spiels ab. Dann ging sie wie beiläufig zum Badezimmer, ließ hinter sich die Türen offen und rief: »Oh, der Blumentopf liegt auf der Erde!« Sofort kam Majas Reaktion: »Ich war das nicht!« Die Oma war sprachlos, auch wütend und vor allem ratlos. Verdrießlich pflanzte sie die Grünlilie in einen neuen Topf und ließ Maja die Erde vom Fußboden auffegen. Die gute Stimmung war verflogen, missmutig verging der Rest des Nachmittags, und noch am Abend, als ich meine Nachbarin traf, war sie voller Ärger. Ihre Enkeltochter – eine verstockte Lügnerin!

Ich tröstete sie damit, dass alle kleinen Kinder »lügen« und dass in diesem Falle die kleine Maja eigentlich gemeint hatte: Ich wünschte, ich hätte den Blumentopf nicht runtergeworfen. Indem sie sagte: »Ich war das nicht!«, hatte sie die unangenehme Wirklichkeit ungeschehen machen wollen. Besser wäre es gewesen, die Oma hätte einen Weg aus der Missstimmung gefunden, doch das mochte ich ihr nicht sagen, sondern erklärte ihr nur, dass »Lügen« und Lügen nicht dasselbe sei, weil es abhänge vom Alter der Kinder, und dass Maja bestimmt keine »verstockte Lügnerin« sei oder werde.

• Kleine Kinder vor dem Schulalter lügen, weil sie den Unterschied zwischen Dichtung und Wahrheit erst lernen und erfahren müssen, also den Unterschied zwischen Fantasie und Realität. Sie lügen aus überschießender Fantasie und erzählen tolle Geschichten. Die Großmutter kann sich spielerisch darauf einlassen, das Unwahrscheinliche noch betonen und übertreiben, bis ganz deutlich wird, dass die Geschichte nicht wahr sein kann. Dieses Spiel endet in einem großen gemeinsamen Gelächter, und es zeigt, dass man aus Lügengeschichten auch wieder herausfinden kann und wie befreiend das ist. So entsteht Offenheit, von der wir uns wünschen, dass sie zur Lebensgewohnheit wird.

• Vom Schulalter an sind Kinder sensibel für Wahrheit und Lüge. Sie lügen dann aus Angst, aus Scham oder um sich Vorteile zu verschaffen. Will man der Sache auf

Was will das Kind wirklich mitteilen?

Lügen haben in den verschiedenen Altersstufen eine unterschiedliche Bedeutung

111

den Grund gehen, muss man in die Privatsphäre des Kindes eindringen, seine Autonomie verletzen, und riskiert, das Vertrauensverhältnis zu stören. Die Großmutter muss sich fragen, ob sie diese Verletzungen in Kauf nehmen will. Auch wenn sie sicher ist, dass das Kind gelogen hat, ist es nicht in jedem Falle geraten, ein »Verhör« anzustellen und den Lügner bloßzustellen. Wichtig ist, darüber nachzudenken, warum das Kind meint, lügen zu müssen, und die angstbesetzte Situation freundlich aufzulösen. Es ist besser, nicht aus jeder Lüge eine Staatsaktion zu machen, doch muss man erklären, dass Lügen das Vertrauen belastet und damit das Zusammenleben schwieriger macht.

• Größere Kinder mögen versuchen, unangenehmen Situationen zu entgehen, indem sie ein ganzes Gebäude von Lügen errichten. Das beginnt mit Ausreden, warum man die Hausaufgaben nicht machen konnte, und kann sich steigern bis zur gefälschten Unterschrift unter dem Zeugnis. Zu hohe Erwartungen, zu wenig Zuwendung, die Verwirrungen in der Pubertät mögen da zusammenkommen. Wenn die Großeltern von solchen Problemen erfahren, können sie mit freundlichem Verständnis viel zur Entspannung beitragen, sie können versuchen, mit dem Kind gemeinsam das Motiv für seine Betrügereien aufzudecken, und einen Ausweg suchen, bei dem sie jede Demütigung vermeiden.

Wir wollen ja, dass unsere Enkel vertrauensvoll und das heißt auch: ehrlich mit uns sprechen. Darin liegt nicht zuletzt ein Schutz gegen den Missbrauch durch andere. Sie müssen fühlen, dass wir auch in Situationen, die ihnen peinlich sind, freundlich und gelassen reagieren werden, damit sie sich uns anvertrauen, wenn jemand ihnen zu nahe tritt.

Häufiges Lügen ist ein Alarmsignal, ein Notschrei. Fragen Sie sich zum Beispiel:

• Ist die Erziehung zu streng?

• Ist das Kind überbehütet und kann zu wenig selbst entscheiden?

• Lügen die Eltern, zum Beispiel, weil sie ihre Konflikte vor dem Kind zu verbergen versuchen oder ihm nichts sagen wollen von einer wirtschaftlichen Notlage oder einer schweren Krankheit?

Solche Verhaltensweisen kann man nicht von heute auf morgen ändern, doch kann es die Spannungen abbauen, die um ein lügendes Kind entstehen, wenn die Eltern darauf aufmerksam werden, dass sie oft selbst die Ursache für das Lügen ihres Kindes liefern. Für die Großeltern wird es schwierig sein, die Eltern auf diesen Zusammenhang hinzuweisen; sie müssen wohl auf Hilfe von außen hoffen.

Mit dem Stehlen verhält es sich ähnlich; auch Stehlen kann ein Alarmsignal sein. Zunächst gehört es zu den Verhaltensweisen, die alle Kinder einmal ausprobieren, um sie dann wieder fallen zu lassen, weil ihnen die Konsequenzen (Nachfragen, Nachforschen, Heimlichtun und so weiter) unangenehm sind. Schlimm wird es, wenn dann gar nichts geschieht, wenn die Kinder so wenig eingebunden sind in ein häusliches Umfeld, dass sie tun und lassen können, was sie wollen, ohne dass jemand daran Anstoß nimmt. Dann kann Stehlen zum Notschrei werden: Schaut doch endlich einmal auf mich, beschäftigt euch mit mir! Wenn von Seiten der »Bezugspersonen«, von Vater, Mutter, Großeltern, keine Reaktion erfolgt, gewinnt das Stehlen eine andere Bedeutung: Es verhilft zu Besitz und damit zu Ansehen.

Chronisch lügende Kinder ebenso wie Kinder, für die das Stehlen eine krankhafte Gewohnheit geworden ist, brauchen einen Therapeuten oder Erziehungsberater,

Stehlen ist oft ein Hilfeschrei

der ihnen und den Eltern aus der Sackgasse heraushilft, in die sie geraten sind.

Muss Strafe wirklich sein?

Strafe als Rache Hat das Sprichwort Recht, dass Strafe sein muss? In der Blüte der antiautoritären Bewegung war die Antwort ein schlichtes Nein; heute fragt man: Was ist Strafe? Ist jede Reaktion auf ein Fehlverhalten eine Strafe?

Ganz sicher muss vermieden werden, eine Art von Rache am Kind zu nehmen: »Du hast mich verletzt, ich bin wütend auf dich, jetzt sollst du's zu spüren bekommen, jetzt wische ich dir eins aus!« Dieses Rachebedürfnis wird oft mit Gewalt befriedigt – das Kind bekommt eine Ohrfeige, oder es bezieht Schläge. Gewalt ist wie eine schiefe Bahn, sie lässt den Gewalttätigen immer tiefer abrutschen, sie entehrt ihn, und sie schüchtert das Kind ein. Sie zerstört das Vertrauen zwischen den großen Menschen und den kleinen, die so abhängig sind vom Wohlwollen und der Liebe der großen.

Verbote als Strafe Verbote sind nicht geeignet, das unerwünschte Verhalten zu verändern: »Du bist zu spät nach Hause gekommen, deshalb darfst du diese Woche nicht mehr fernsehen.« Zwischen dem Fehlverhalten des Kindes und der Reaktion der Eltern besteht kein logischer Zusammenhang, auch hier wird nur deutlich, dass die Erwachsenen die Stärkeren sind, die dem Kind etwas »wegnehmen« können: das Fernsehvergnügen, die Freizeit, das Recht, einen Freund mit nach Hause zu bringen und so weiter.

Liebesentzug als Strafe Die Bestrafung mit Liebesentzug ist vielleicht die schlimmste: »Du hast das Glas kaputtgemacht, jetzt hat Oma dich nicht mehr lieb!« Was auch immer geschieht, wie verletzt wir auch sein mögen, dürfen wir uns nie dazu hinreißen lassen, mit dem Entzug unserer Liebe zu drohen. Als Großmütter sind wir da sowieso in keiner starken Position, denn die Enkel sind auf die Liebe ihrer Eltern, nicht so sehr auf die unsere angewiesen, und eigentlich sind wir es, die auf die Dauer von ihrer Liebe abhängig sind.

Strafe sollte nicht sein, aber wir müssen Grenzen ziehen und Regeln setzen für die Zeit, in der die Enkel in unserer Wohnung sind oder wir sie betreuen. Wenn wir uns auf nur wenige Regeln beschränken, die wir gut begründen können, wird es leichter sein, sie zu verteidigen und durchzusetzen.

Grenzen und Regeln müssen respektiert werden

So weit die Theorie. Sie braucht uns eigentlich gar nicht zu beschäftigen, denn wenn die Enkelkinder mit uns zusammen sind, zeigen sie sich fast immer von ihrer besten Seite, und wenn am Ende die besorgte Mutter etwas ängstlich fragt: »Na, wie waren sie denn?«, können wir meistens versichern: »Ach, sie waren so reizend!« Doch nicht immer haben wir das Glück, die Kinder nur von ihrer besten Seite zu erleben. Bei den trotzigen Drei- bis Fünfjährigen kann es vorkommen, dass sie die Oma oder den Opa mit schlimmen Wörtern bedenken.

Meiner Freundin passierte das Folgende: Die beiden Enkelkinder hatten den Nachmittag über bei ihr gespielt, nun wollte sie sie nach Hause bringen. Die beiden, sechs und acht Jahre alt, liefen ihr voraus, rannten ihr im Spaß davon und über eine sehr gefährliche Kreuzung, ohne nach rechts oder links zu schauen. Auf der anderen Seite blieben sie lachend stehen und warteten auf die Oma, die, außer sich vor Schreck, dem einen Mädchen eine Ohrfeige gab. Bedrückt gingen alle drei weiter bis zum Haus der Eltern, die Oma verabschiedete sich und bekam später einen gereizten Anruf

Strafen können zu Konflikten mit den Eltern führen

ihrer Schwiegertochter: »Du darfst meine Kinder nicht schlagen!«

Die Oma ist zu verstehen mit ihrer entnervten Reaktion, und die Mutter hat Recht, dass niemand Kinder schlagen soll. So ist eine hässliche Spannung entstanden. Hätten beide es besser machen können? Die Mutter hätte wohl ein bisschen verständnisvoller reagieren können und ihre Schwiegermutter nicht anzufahren brauchen. Die Oma hätte sicher wirksamer reagiert, wenn sie den kleinen Mädchen deutlich gesagt hätte, wie schlimm das hätte enden können und wie sehr sie erschrocken war. Dann hätte sie sie fest an die Hand nehmen sollen bis zu ihrem Haus. Es wäre eine logische, aus der Übertretung einer Regel sich ergebende Konsequenz gewesen, und nur diese Art von »Bestrafung« ist überhaupt sinnvoll und gerechtfertigt. Leider ist man nicht immer, wenn man sehr betroffen ist, in der Lage, so vernünftig zu reagieren.

Beschränken Sie sich auf wenige Regeln, aber verteidigen Sie sie

In dieser Weise sollten Sie auch die wenigen Regeln verteidigen, die Sie für das Zusammensein mit den Enkelkindern festsetzen. Bereiten Sie sich darauf vor, die Regeln gut zu begründen und sie im Laufe der Jahre hundert Mal zu wiederholen, aber überlegen Sie auch, was Sie tun können, wenn das Wiederholen nicht hilft. Dann hilft oft nur die Konsequenz:

• In der Wohnung soll man nicht Ball spielen, darum muss man den Ball wegnehmen, wenn doch damit gespielt wird.

• Im Wohnzimmer wird nicht auf den Möbeln geturnt, darum muss man gemeinsam in einen anderen Raum gehen, wenn die Regel nicht respektiert wird.

• Bei Tisch darf man nicht spielen, darum muss man aufstehen und woanders weiterspielen, wer es nicht lassen kann.

116

Vermeiden Sie alles Drohen mit unsinnigen Konsequenzen, wie: »Wenn du weiter Krach machst, bekommst du keinen Nachtisch.« Oder: »Wenn du nicht deinen Teller leer isst, darfst du nicht mit ins Kino.« Hier wird allein die Macht ausgespielt, die Sie über Nachtisch oder Kinokarten haben, aber keine logische Konsequenz entwickelt.

Drohen Sie nicht mit unsinnigen Konsequenzen

Mit unsern Regeln verteidigen wir unser eigenes Reich, unsere Nerven, unsere Wertvorstellungen. Wenn wir dabei zu weit gehen, finden die Enkel uns »doof« und verlieren die Lust, zu uns zu kommen. Es ist und bleibt eine Gratwanderung zwischen Strenge und Nachgiebigkeit.

Wir sollten uns über Regeln nicht zu viele Gedanken machen, sondern das Positive in unseren Enkeln suchen, uns bedanken für ihr gutes Benehmen und das Bildchen, das sie mitgebracht haben, ihren Eifer beim Tischdecken loben und ihr Geschick beim Reparieren des Gartentürchens. Wie schwer ist es für die kleinen Menschen, sich in unsere Welt einzufügen! Nehmen wir die Missgeschicke mit Humor, mit Strafen brauchen wir uns nicht aufzuhalten.

Taschen- und anderes Geld

Für die meisten Grundschulkinder spielt das Geld noch keine große Rolle, doch je älter sie werden, umso mehr erkennen sie seinen Nutzen und seinen Reiz – dass man sich damit Wünsche erfüllen kann und dass man andere damit beeindruckt. Zugleich müssen sie lernen hinzunehmen, dass sie vielleicht nicht so viel Geld haben wie die reichen Kameraden und Kameradinnen. In jeder Gruppe, in jeder Klasse gibt es ein oder mehrere Kinder, die »alles« haben: die auffälligste Uhr, die tollste Puppe, das beste Fahrrad. Sie können sich ständig neue CDs und Videospiele kaufen, sie verreisen in

Kinder müssen lernen, es hinzunehmen, dass andere »alles« haben

allen Ferien bis in die fernsten Länder. Die Großeltern
würden ihren Enkeln gern den Schmerz ersparen, nicht
zu den Ersten gehören zu können, wenn es ums Geld-
ausgeben geht, deshalb sind sie in Versuchung, sie mit
Geld zu verwöhnen, vor allem, wenn sie nur ein einzi-
ges Enkelkind haben. Doch das wäre nicht gut. Sie
würden die Kinder zu Anspruchsdenken und Maß-
losigkeit verleiten. Eines Tages aber müssen sie ihr eigenes Leben leben, auf eigenen Füßen stehen und lernen,
mit den eigenen Mitteln auszukommen.

**Nicht mit
Geldgeschenken
verwöhnen**

Die Großeltern sollten den Kindern ruhig erklären, dass
es Unterschiede gibt und dass manche Menschen mehr
Geld haben als andere, aber dass der Wert eines Menschen nicht davon abhängt. Wenn sie die Enkelkinder
verwöhnen wollen, sollten sie es nicht tun, indem sie
das Taschengeld aufbessern, sondern indem sie hier
und da und auch außer der Reihe ein Geschenk machen oder gemeinsam mit ihnen etwas unternehmen.
Vielleicht können sie dazu auch den einen oder anderen Klassenkameraden, die Klassenkameradin einladen,
vielleicht eines von den beneideten »reichen« Kindern,
und die Enkel hätten Gelegenheit, auf ihre an Einfällen
reichen Großeltern stolz zu sein.

Wenn die Eltern einverstanden sind, kann man den Kindern anbieten, bei den Großeltern etwas zu arbeiten und sich damit Geld zu verdienen, zum Beispiel indem sie das Auto waschen, den Rasen mähen, den Garten für den Winter fertig machen, beim Renovieren helfen, die Garage aufräumen. Es ist nicht unüblich, dass solche Dienste entlohnt werden. Die Großeltern sollten die Sache aber nicht sentimental, sondern eher professionell anpacken, sich nicht mit schlecht gemachter Arbeit zufrieden geben und nicht mehr oder weniger zahlen, als gerechtfertigt ist.

Weihnachtsmänner und Osterhasen

Nicht immer hat der Weihnachtsmann die Geschenke gebracht, auch das Christkind nicht, sondern eher schon der heilige Nikolaus mit seinem Knecht Ruprecht. Als Kind schwirrte mir der Kopf, nachdem ich das Gedicht »Von drauß, vom Walde komm ich her« auswendig gelernt hatte, denn darin arbeitet Knecht Ruprecht auf Anweisung des Christkinds und soll feststellen, welche Kinder gut und welche böse gewesen sind. Vergeblich versuchte ich, mir die Ordnung dieser himmlischen Verhältnisse klar zu machen. Heute kommt noch der englisch-amerikanische Santa Claus dazu, der mit seinen Rentieren unter Schellengeläut vom Nordpol her angefahren kommt und Geschenke durch den Kamin wirft. Die meisten aufgeweckten Schulkinder merken, dass da etwas nicht stimmen kann, und fragen schließlich geradeheraus, ob es denn wirklich einen Weihnachtsmann gibt. Da muss man mit der Wahrheit heraus und kann vielleicht sagen, dass das alte Geschichten sind und dass sie uns, wie das ganze Weihnachtsfest, an die Liebe Gottes erinnern sollen. Die Geschenke, wird man vielleicht sagen, erinnern uns an die Gaben, die die Weisen aus dem Morgenland dem Jesuskind brachten.

Wer bringt eigentlich die Geschenke?

Wenn man die Enkelkinder nicht oft sieht, kann man sich jedes Jahr bei den Eltern der Kinder erkundigen, wie es um den Glauben an den Weihnachtsmann und das Christkind steht, um ihn weder zu zerstören noch töricht daran festzuhalten, wenn er gerade »abgeschafft« worden ist.

Auch der Osterhase gehört dazu

Diese alten Figuren wie auch der Osterhase gehören in das »magische Alter« der Kinder, in jene Jahre, in denen sie uns die tollsten Geschichten erzählen, weil sie zwischen Fantasie und Realität noch nicht zu unterscheiden gelernt haben. Sie nehmen die Weihnachts- und Osterfiguren hinein in ihre Fantasiewelt, und wir sollten das respektieren. Etwa mit dem Beginn des Schulalters lässt das Kind diese Phase hinter sich, es entwickelt einen wahren Heißhunger darauf, die Wirklichkeit zu erkunden, und trennt sich darum vom Osterhasen und Weihnachtsmann, wenn auch mit leiser Wehmut.

Verwirrung wie beim himmlischen Weihnachtspersonal herrscht auch zu Ostern, wenn der Osterhase die Eier bringt, auf dem Osterfrühstückstisch aber eine Hühnerfigur über den bunten Eiern sitzt, wenn die grünen-

den Zweige mit bunten Federn geschmückt sind und kleine gelbe Watteküken einen künstlich gezogenen grünen Rasen bevölkern. Viele heidnische Frühlings- und Fruchtbarkeitssymbole haben im Umkreis des christlichen Osterfestes überlebt und sich unentwirrbar verknotet. Die realistischen Schulkinder stellen fest, dass die Geschichte vom Eier legenden, Eier bringenden Osterhasen nicht stimmen kann. Man muss ihnen die Wahrheit sagen und sie auf die Bedeutung des Oster- festes hinweisen, das ebenso sehr das Fest der Auferste- hung Jesu wie ein altes Frühlingsfest ist. Der Hase, der sich so schnell vermehrt, symbolisiert Fruchtbarkeit, das Ei steht für das neue Leben in der erwachenden Natur.

Die Heimlichkeiten, die mit dem Vorbereiten der Ge- schenke zusammenhängen, werden bei kleinen und großen Kindern ernst genommen. Bei den Großeltern werden die Geschenke für Eltern und Geschwister ge- bastelt und versteckt, und es gibt viel Gewisper und viel Aufregung darum. Das gehört zu Weihnachten, Ostern und anderen Festen, zu ihrem unvergänglichen Zauber.

Es macht Kindern Spaß, mit Geschenken zu überraschen

Die großen Feste werden oft gar nicht mehr im Fami- lienkreis gefeiert, sondern man verreist über Ostern und Weihnachten. Die Kinder verlieren damit meines Erachtens mehr, als auf den ersten Blick erkennbar ist. Das kann man auch bei dem Psychologen Bruno Bet- telheim nachlesen: Für Kinder sei es wichtig, Feste zu feiern, die ihren Ursprung in einer Geburt haben: zu Weihnachten die Geburt Jesu, zu Ostern die Wieder- geburt der Natur, schließlich der Geburtstag des Kin- des selbst. Kinder, so schreibt er, sind sich ihrer Kon- flikte mit den Eltern bewusst und werden oft geplagt von der Sorge, sie seien ihren Eltern nicht willkommen, sie würden nicht geliebt. In allen Geburtsfesten steckt für sie ein Stück Bestätigung, dass auch sie willkom- men sind und geliebt werden.

Die Kinder brauchen die alten Feste

Vielleicht können diese Feste mit all ihren Bräuchen bei den Großeltern überleben: das weihnachtlich geschmückte Haus, der Osterspaziergang, der Kirchgang, das traditionelle Kochen, Backen, Essen. Das beschert der Oma viel Arbeit, viel Verantwortung und viel Freude. Es hat vielleicht auch seine Richtigkeit, dass sie es ist, die die Traditionen bewahrt.

Im Fasching oder Karneval: Kinder an die Macht

Darum sollte sie auch eine andere verloren gehende Tradition kennen, deren Verlust für Bruno Bettelheim eine bedauerliche Beschneidung der Kinderwelt bedeutet. Er verteidigt die Feste, bei denen mit Verkleiden, Krach machen und wildem Treiben die bösen Geister vertrieben werden sollen, wie das amerikanische und englische Halloween und der deutsche Karneval. Er meint, die Kinder müssten einmal im Jahr Gelegenheit haben, »die Macht« zu übernehmen, sich auszutoben und ihre Aggressionen gegen die Erwachsenen auszuleben. Indem man artige Kinderfeste daraus macht, nimmt man den Kindern diese Möglichkeit.

Der Klapperstorch ist ausgeflogen

Zu den »Ammenmärchen« gehörte einst auch der Klapperstorch, der die kleinen Kinder bringt. Er ist verschwunden, nicht nur, weil die Störche fast ausgestorben sind, sondern weil die Kinder früh und sachlich über die Zusammenhänge bei der Entstehung des Lebens und bei der Geburt informiert werden sollten. Die Eltern wissen, dass das zu ihren Pflichten gehört, es ist zu einer Selbstverständlichkeit geworden und betrifft in aller Regel die Großeltern nicht. So sollten sie auch keine Anspielungen auf den Klapperstorch machen, um nicht eventuell von den Enkeln aufgeklärt zu werden.

Was machen wir draussen?

Die Großeltern haben meist Zeit, sie sind freier als die Eltern, die oft durch Berufs- und Familienpflichten gebunden sind. Schenken Sie Ihren Enkeln etwas von dieser Freiheit, tun Sie ungewöhnliche Dinge mit ihnen!

Entdecken Sie mit den Enkelkindern das Naheliegende, das sie vielleicht nicht kennen

Viele Familien verreisen mit ihren Kindern so oft wie möglich und so weit wie möglich, und so erzählen uns schon die Vorschulkinder, wie schön es in Spanien ist oder an Afrikas Sandstränden. Das Nahegelegene kennen sie kaum. Das ist Ihre Chance. Erkunden Sie mit ihren Enkelkindern das Dorf oder die Stadt, in denen Sie bzw. die Kinder leben, den Bach und die Wiese, den Wegrain und den Wald. Und den Garten! Dazu die weniger bekannten und zu wenig genutzten Verkehrsmittel: Straßenbahn und Bus, Eisenbahn und Kleinbahn, die Füße zum Wandern und das Rad.

Jeder Ort, jede Landschaft hat ja andere Möglichkeiten – meine Vorschläge sollen Ihre Fantasie anregen. Sie werden sehen, was man alles mit Kindern unternehmen kann, und nicht nur mit den Größeren, sondern auch schon mit den Kleinen ab etwa drei Jahren.

Legen Sie einen Kinderkalender an

Die meisten meiner Vorschläge erfordern wenig Geld, aber eine gute Vorplanung. Gewöhnen Sie sich daran, die Lokalzeitung und die Werbeblätter im Gedanken an Ihre Enkelkinder zu lesen, schauen Sie nach, was in den kommenden Tagen, Wochen, Monaten geboten wird und was den Kindern Freude machen könnte. Schreiben Sie diese Veranstaltungen auf einen Wandkalender, und zwar mit Zeit und Ort des Ereignisses, dann haben Sie die wichtigste Vorplanung schon erledigt. Wenn nun Ihre Enkelkinder bei Ihnen auftauchen, können Sie Vorschläge machen, oder Sie laden sie von sich aus ein, mit Ihnen etwas Tolles zu unternehmen. Übrigens freuen sich die Kinder, wenn sie Freundinnen und Freunde mitbringen dürfen.

WAS STADT UND DORF ZU BIETEN HABEN

Spiel- und Sportplätze besuchen

Entdecken Sie die Spielplätze, und beginnen Sie mit dem nächstgelegenen.

Mit den Enkelkindern werden Sie Ihren Wohnort neu entdecken: Plötzlich werden die Spielplätze für Sie wieder interessant, wie zu der Zeit, als Ihre Kinder klein waren. Sie werden feststellen, dass sich viele der Plätze in den vergangenen Jahren zu ihrem Vorteil verändert haben, sie haben jetzt viel mehr und interessanteres Spiel- und Klettergerät. Wenn Sie nicht wissen, wo der nächstgelegene Spielplatz ist, werden es Ihnen die kleinen Nachbarskinder zeigen können. Haben Sie auch nichts vergessen?

• Schaufel und Eimer

• einen Sonnenhut und Sonnencreme für das kleine Enkelkind

• ungesüßtes Getränk, »Notfallkekse«

• frische Windeln, ein frisches Höschen und ein Handtuch, denn oft findet sich eine Wasserstelle auf dem Spielplatz.

Und was sollen Sie dort tun?

Zu Anfang hat das kleine Kind Ihre Nähe nötig, es muss sich in der neuen Welt ja zurechtfinden und braucht das Gefühl, nicht allein gelassen zu sein. Doch beim dritten oder vierten Besuch auf demselben Spielplatz wird es allein spielen können und Kontakt suchen zu anderen Kindern, wenn Sie nur in Sichtweite bleiben. Dann kann es für Sie ein gemütlicher Vormittag werden, aber sicher kein ungestörter, denn Sie werden mindestens alle fünf Minuten herbeigerufen, und nach einer Weile werden Sie auch weitergehen wollen: zu Rutsche und Schaukel, zum Plantschbecken oder zum Klettergerüst.

Seien Sie nicht ängstlich!

Sie fragen sich vielleicht, ob ein zweijähriges oder noch kleineres Kind, das gerade erst laufen gelernt hat, schon auf die Rutsche oder aufs Klettergerüst darf. Zu Ihrer Beruhigung: Erstaunlicherweise trauen sich die Kinder in der Regel nur zu, was sie auch bewältigen können. Natürlich werden Sie gebraucht, um erst neben der Leiter zu stehen und dann das Kleine am Ende der Rutsche aufzufangen, doch halten Sie die Kinder nicht zurück, ihre Kräfte und Fähigkeiten zu erproben, und freuen Sie sich an ihren Fortschritten!

Spielplätze der Umgebung – verschaffen Sie sich den vollen Überblick

Wahrscheinlich gibt es in der Nähe Ihrer Wohnung nicht nur diesen einen Spielplatz, und es lohnt sich, auch die andern kennen zu lernen, denn sie sind ja nicht alle gleich. Es gibt Spielplätze, die besser sind für die kleineren Kinder, und andere, die den größeren mehr bieten, es gibt Plätze, die gerade neu hergerichtet wurden, und andere, die schon ein bisschen herunter-

gekommen sind. Verschaffen Sie sich eine Übersicht, was an Ihrem Ort geboten wird, und zwar beim Jugend- und Sportamt Ihrer Stadt oder Ihres Kreises; vielleicht bekommen Sie dort auch einen Übersichtsplan.

Gehen Sie die Spielplätze ab, vielleicht an einem kalten Wintertag, wenn man nicht lange draußen spielen kann: Wo gibt es eine extralange Tunnelrutsche, wo ein besonderes Klettergerüst? Wo gibt es Gelegenheit, mit Wasser zu spielen? Das merken Sie vor für heiße Sommertage. Wo kann man Tischtennis spielen oder Minigolf? Das wäre etwas für kühleres Wetter. Und da es ja auch manchmal noch Schnee gibt, ist es gut zu wissen, wo man rodeln kann.

Unternehmen Sie mit den Kindern eine Spielplatz-Besichtigungstour

Wenn man dem »Plantschalter« entwachsen ist, werden die Frei- und Hallenbäder interessant. Auch da gibt es bessere und schlechtere, es gibt solche, die eher sportlich ausgerichtet sind, und andere, die Kindern viel bieten. Wenn Sie mit kleineren Kindern dorthin gehen, achten Sie auf praktische Kleidung, in die die Kinder sich mit feuchter Haut nicht hineinzwängen müssen. Vergessen Sie die Schwimmflügel nicht.

Frei- und Hallenbäder, ein Spaß für die größeren Kinder

Lernen Sie mit den Enkeln die Sportplätze kennen. Nicht nur auf Fußballplätzen gibt es Spiele, die das Zuschauen lohnen, sondern auch auf Tennis- und Reitplätzen. Es gibt Sportfeste mit Leichtathletikwettkämpfen und Gymnastikdarbietungen, die spannend und schön anzuschauen sind. Wenn Sie mit Ihren Enkeln dahin gehen, werden sie stolz auf ihre Großeltern sein, und Sie verhelfen den Kindern vielleicht zu neuen Interessen. Geben Sie Geld aus für die besseren Zuschauerplätze – man sieht dort einfach mehr. Einmal selbst dabei sein, »alles live«, ist besser als das Zuschauen vor dem Fernseher; man teilt das Erlebnis mit anderen Menschen und sitzt nicht vereinzelt vor dem Apparat.

Kennen Sie die Sportplätze und Vereine in der Nachbarschaft?

Stadt und Dorf erkunden

Machen Sie Entdeckungstouren im Heimatort! Im Folgenden finden Sie Vorschläge für alle Altersstufen, vom Kindergartenkind bis zum Oberstufenschüler.

Erkunden Sie zusammen mit den Enkelkindern den Heimatort

Kennen Ihre Enkelkinder eigentlich den Bahnhof und die Post, das Rathaus, die Feuerwehr, das Krankenhaus, die Polizeistation, die Stadtbibliothek, das Kaufhaus mit der Rolltreppe, die Zoofachhandlung, in der man die kleinen Meerschweinchen und die Fische betrachten kann? Waren sie schon einmal in der Kirche, in der es viel zu entdecken und zu erklären gibt? Haben sie das Dorf oder die Stadt von oben gesehen, vom Kirchturm aus oder vom Dach des Hochhauses, das man mit dem Fahrstuhl erreicht? Wo arbeiten die Menschen, welche Industriebetriebe gibt es, wo liegen sie? Welche Flüsse und Kanäle gibt es, und was bieten die verschiedenen Parks?

Entdeckungstouren gut vorbereiten

Solche Entdeckungstouren kosten wenig Geld, aber sie sollten gut vorbereitet sein. Man kann sie schon mit Kindergartenkindern unternehmen, sollte sich dann aber jeweils auf ein Ziel beschränken und alles in Ruhe und gründlich ansehen, dazu im Postamt Briefmarken kaufen, eine Postkarte fertig machen und einwerfen. Mit den Schulkindern überlegen Sie gemeinsam, was Sie sehen wollen, markieren die Punkte auf dem Stadtplan und beraten zusammen, wie Sie hingelangen können – mit dem Bus zum Beispiel, mit der Straßen- oder der U-Bahn. Diese Touren kann man bei jedem Wetter machen, nur vergessen Sie nicht, auch ein Café oder dergleichen einzuplanen, wo Sie sich stärken und aufwärmen können.

Entdecken Sie gemeinsam die Bibliothek

Die Stadtbibliothek ist einen eigenen Ausflug wert, man kann sich dort gemütlich hinsetzen und Bilderbücher anschauen, in manchen Bibliotheken kann man auch

Spiele ausprobieren, etwas essen und etwas trinken. Zum Ausleihen braucht man eine Leihkarte, die man dort erwerben kann, wenn man den Personalausweis bei sich hat. Viele Bibliotheken führen Veranstaltungen auch für Kinder und Jugendliche durch.

Vor der Stadt gibt es dann noch das Klärwerk zu sehen, vielleicht eine Gärtnerei oder das Straßenbahndepot und gewiss einige Bauernhöfe. Erkundigen Sie sich, wo ein Besuch willkommen ist.

Großes Interesse haben Kinder an Baustellen, vor allem, wenn man während der Arbeitszeit dorthin geht und alles in Bewegung ist, vom Kran bis zum Zementmischer. Baustellen sind gefährlich, darum müssen Sie Ihren Zuschauerplatz sorgfältig wählen. Wahrscheinlich finden Sie ganz in der Nähe so ein spannendes Anschauungsobjekt. Auf Großbaustellen wird monatelang gearbeitet; Sie können mit den Enkeln mehrmals dorthin gehen und die Arbeitsfortschritte verfolgen.

Am frühen Morgen und am Abend wirkt alles ganz anders

Im Herbst und Winter, wenn es früh dunkel wird, kann man mit den größeren Kindern in einen anderen Stadtteil fahren und durch die frühe Dämmerung wandern, zuschauen, wie in den Häusern die Lichter angehen und sich gemeinsam ausmalen, wer dort wohnt und was hinter den Fenstern und Gardinen jetzt geschieht.

Und im Sommer kann man den Morgen entdecken, das Erwachen der Stadt und des Landes. Man sieht, wer schon auf den Beinen ist, wer seine Arbeit zeitig beginnt, wenn man mit einem frühen Bus oder der Straßenbahn bis zur Endstation fährt, dort die Morgenluft schnuppert und bis zum Frühstück wieder zu Hause ist – vorausgesetzt, man hat Enkelkinder, die keine Langschläfer sind.

Spielen Sie mit den größeren Enkeln »Fremdenführer und Tourist«

Mit den größeren Enkeln macht es Spaß, »Fremdenführer und Tourist« zu spielen. Was könnte man den Touristen zeigen? Wie alt ist eigentlich Ihr Ort, was hat sich dort zugetragen, in welchen Bauwerken? Vielleicht spielen Sie das Spiel mit verteilten Rollen, jeder zeigt den anderen, was ihm besonders wichtig erscheint? Vergessen Sie nicht, den »Touristen« auch das beste Eiscafé zu zeigen, und lassen Sie den Weg dort enden.

Sie können sich auch anmelden für eine solche Besichtigung. Schreiben Sie Ihrem Enkelkind:

Lieber Thomas,

wir möchten uns gern von dir am … deine Stadt zeigen lassen. Wir kommen als Touristen, die sich für Geschichte und Gegenwart interessieren und die den Fremdenführer anschließend zum Essen und ins Theater einladen wollen.

Deine Oma und dein Opa

Vielleicht bekommt der Fremdenführer oder die Fremdenführerin dann auch noch ein Trinkgeld.

Wann waren Sie zuletzt im Museum? Haben Sie schon bemerkt, wie kinder- und jugendfreundlich die Museen geworden sind? Große Anstrengungen sind unternommen worden, um sie – gerade auch für junge Leute – zu einer Art Abenteuerspielplatz zu machen. In den technischen Museen werden Fertigungs- und Funktionsweisen so gezeigt, dass die Besucher selbst etwas tun, etwas in Gang setzen und bewegen können. Viele Bildergalerien haben eigene Kinderprogramme. In Stadt- und Dorfmuseum wird der Blick in die Vergangenheit leicht gemacht. Im Verkehrsmuseum stößt man auf altertümliche Fahrzeuge, im Naturkundemuseum auf Dinosaurier und Neandertaler, im Planetarium kann man sich berauschen am Gang der Sterne und gewinnt Interesse an den Sternbildern.

Es gibt kinderfreundliche Museen, Theater, Kinos, sogar Opern

Auch die Theater sind zugänglicher geworden; nicht nur das »große« Theater bietet Kinderstücke, sondern es haben sich auch freie Theatergruppen gebildet, die an verschiedenen Orten spielen und sich oft an Kinder wenden. Da gibt es die Puppen- und Marionettentheater und Gruppen, die sich ausdrücklich auf die Probleme der Kinder und Jugendlichen beziehen, wie das Grips-Theater. In den Vorstädten und Dörfern führen Laientheatergruppen ihre Stücke auf, die sich gerade nicht mit Problemen beschäftigen, sondern lustig sind. All das macht den Kindern Freude, wie auch das Kino mit seinen Kinderfilmen. Wer keine Lust hat, mit ins Popkonzert zu gehen, wird sich vielleicht in einem Jugendkonzert durchaus wohl fühlen. Es gibt auch Opern für Kinder, wie »Hänsel und Gretel«, doch größere Kinder können sich auch für »richtige« Opern begeistern, wenn sie den Inhalt kennen und die Handlung ihnen verständlich ist. Auch eine Ballettaufführung kann für Kinder spannend sein.

Was es nicht alle Tage gibt: Feste, Märkte & Co.

Feste und Märkte (Kirchweih, Dult, Kirmes und wie sie alle heißen) waren früher die Höhepunkte eines arbeits- und entbehrungsreichen Jahres. Daraus ist fast ein Überangebot an Märkten, Stadt- und Cityfesten geworden, das uns die Tourismuswerbung beschert hat. Oft sind dort mehr Verkaufsstände und Ess- und Trinkbuden als Jux- und Spielangebote zu finden. Trotzdem sind sie herrlich für die Kinder. Gehen Sie mit ihnen herum, und staunen Sie, was es alles zu sehen gibt, helfen Sie, ein Geschenk für Freund oder Freundin zu suchen, lassen Sie die Kinder Karussell fahren, Lose ziehen und Bälle werfen. In der Geisterbahn müssen Sie aber dabeibleiben, sonst wird die Angst größer als die Lust am Gruseln. (Auf der Achterbahn möchte ich nicht mitfahren.)

Kinder mögen Musik und Tanz, Jubel und Trubel

Was es alles zu hören gibt! Die Kinder lieben Platzkonzerte, meine Enkelkinder tanzen sogar dazu. Dann kommen mit viel Musik die Umzüge, die Karnevals-, Schützenfest-, Cityfestumzüge, bei denen die Kinder am liebsten mitlaufen wollen. Und die Straßenfeste, die Märkte, Christkindl- und Weihnachtsmärkte, die Flohmärkte! Dort kann es natürlich passieren, dass die Kinder allerlei unnützen Kram mit heimnehmen wollen, aber das müssen sie ja lernen: sich in der Überfülle der Warenangebote zu orientieren. Ein gemeinsamer Flohmarktbesuch wird lustig sein und muss nicht im Kaufrausch enden.

Und die vielen Ausstellungen! Da sind nicht nur die kleinen und großen Wirtschaftsmessen, sondern Ausstellungen von giftigen Schlangen, von Fischen in fahrbaren Aquarien, ja, ganze Walfische werden zur Besichtigung durchs Land gefahren. Es gibt Vogelausstellungen, Katzen- und Hundeschauen und Modelleisenbahn-Ausstellungen – fast in jedem Monat gibt es irgendetwas Besonderes zu sehen, das die Großeltern mit ihren Enkeln anschauen können, wenn sie das Eintrittsgeld für alle bezahlen wollen.

Sie können es sich vielleicht leisten, die Kinder in den Zirkus einzuladen. Wenn keine Vorstellungen sind, darf man die Tiere in ihren Käfigen anschauen – für ein kleines Kind ein riesiges Erlebnis, wenn es Löwen und Tiger, Elefanten und schöne Pferde ganz nah sieht.

Manchmal kommt der Zirkus in die Stadt

133

Auch die Wohnwagen sind interessant zu sehen, dazu dann das große Zelt und die nicht alltäglichen Menschen, die dort hin- und herlaufen. Es kommen auch kleine Gruppen, die etwas vorführen: Zauberer, Jongleure, Kunstturner, und die kleinen Zirkusse, die ihre Lamas und Ziegen auf dem Rasen weiden lassen. Die kleinen Zirkusse sind viel billiger als die großen und anheimelnder für kleine Kinder: Je kleiner die Gruppe, umso leichter kann es auch geschehen, dass sie neugierige Kinder mitspielen lassen. Welch ein Erlebnis!

Andere Verkehrsmittel entdecken

Was es außer dem Auto noch gibt

Autos und Fahrrad werden Ihre Enkel kennen, aber sind sie schon einmal mit einem Schiff oder Boot gefahren, mit dem Bus, mit der U-Bahn oder der Straßenbahn oder gar mit der Eisenbahn? Bei einer solchen Unternehmung ist der Weg das Ziel, da geht es um das Rausgucken und Anschauen, das Beobachten und Entdecken. So ist es einen Ausflug wert, mit einem Bus zur Endstation zu fahren und sich umzuschauen, was es dort gibt: nur einen Laden für Tabak, Lotto, Toto und die Fahrkarten oder ein Ausflugslokal, eine Fabrik oder eine Schleuse? Vielleicht lohnt es zu verweilen, vielleicht ist es ein unwirtlicher Ort, und Sie sind froh, den nächsten Bus zurück nehmen zu können.

Bahnfahren als Abenteuer

Will man mit der Bahn fahren, muss man sich für einen Zielbahnhof entscheiden, aber das heißt nicht, dass dort irgendetwas los sein muss. »Der Weg ist das Ziel.« Fahren Sie zur nächsten Stadt, die einen Bahnhof hat und nicht nur eine Haltestelle. Beim Kauf der Fahrkarten können Sie das aktuelle Preissystem der Bahn studieren. Sie werden sehen, dass Kinder, aber auch Großeltern Vergünstigungen genießen. So reisen Kinder bis 14 Jahren in Begleitung von Erwachsenen kostenlos.

Ein Bahnhof hat die Atmosphäre der Ferne, des Ungewöhnlichen. Auf dem Bahnsteig haben kleine Kinder oft Angst vor dem Krach, den durchfahrende und einfahrende Züge verursachen, Sie müssen sie also darauf vorbereiten, sie vielleicht auf den Arm nehmen. Schließlich: einsteigen, Platz suchen, ein Pfiff – es geht los.

Schon im Bahnhof beginnt das Abenteuer

Was kann man draußen alles beobachten! Beim Halt auf einem Bahnhof kann man Weichen sehen, Prellböcke, die Signalanlagen, das System der Oberleitungen, andere Züge, andere Lokomotiven. Der Schaffner kommt, um die Fahrkarten zu stempeln, die Kinder laufen herum, und manchmal bieten freundliche Mitreisende Bonbons an. Am Zielbahnhof gibt es die wohlverdiente Stärkung. Von der fremden Stadt werden Sie nicht viel sehen, weil man nicht nahe genug an das herankommt, was Kinder und junge Leute interessiert.

Schließlich kommt der Zug zurück, nun sieht man alles noch einmal und viel deutlicher, und am Ende warten vielleicht schon die Eltern der Kinder am Bahnhof und holen alle ab. Dieses Vergnügen lässt sich noch steigern, wenn Sie mit einer Museumsbahn fahren oder gar an der Sonderfahrt einer alten Eisenbahn mit Dampflok teilnehmen.

Einmal übersetzen mit der Fähre und wieder zurück, das ist schon ein Erlebnis für Kinder, die es nicht gewöhnt sind, mit dem Schiff zu fahren: Man beobachtet das Auf- und Abrollen der Autos, sieht, wie die Entfernung zum Ufer wächst und abnimmt, wie die Strömung gegen den Bootsrumpf drückt. Das kann interessanter sein als eine Fahrt mit dem Ausflugsdampfer, weil man sich auf dem großen Schiff nicht viel anders fühlt als in einem Ausflugslokal, während man auf der Fähre näher am Wasser bleibt.

Und all die Möglichkeiten auf dem Wasser!

Vielerlei Ausflugsziele

Entdecken Sie
neue Ziele

Beim Ausflug geht es um das Ziel, das man auf verschiedene Weise erreichen kann: mit dem Auto oder der Bahn, mit dem Rad oder zu Fuß. Ausflüge sind wohl die häufigste Sonntagsbeschäftigung für Eltern und Kinder, deshalb soll hier nicht ausführlicher darauf eingegangen werden. Doch die Großeltern können Originelles dazu beitragen, zum Beispiel:

• Burgen, Schlösser und Burgruinen, die man – wenn möglich – mit kleinen Kindern lieber ohne Führung besichtigen sollte, da diese selten die Interessen der Kinder berücksichtigen

• Freilichtmuseen, in denen auf Bauernhöfen, in Handwerkerstuben oder alten Fabriken so wie früher gearbeitet und produziert wird – aber meistens nur am Wochenende, man sollte sich vorher darüber informieren

• Flüsse und Kanäle, Schleusen und Schiffshebewerke

• Zoos, oft mit einem Tierkinderzoo voller »Streicheltiere« (Im Frühling gibt es besonders viele junge Tiere – Öffnungszeiten beachten! Sie sind kürzer als die für die anderen Teile des Zoos.)

• Aquarien, die einen Einblick in die bunte, leise Welt der Fische gewähren

• Sommertheater

• Badeseen: Wenn Sie es nicht wissen, fragen Sie nach, ob die Enkelkinder mit dem Wasser vertraut sind, ob sie schwimmen können, wie viel Freiheit Sie ihnen lassen dürfen. Vergessen Sie nicht, die Schwimmflügel mitzunehmen für die Kleinen, einen Ball und Sonnencreme mit hohem Lichtschutzfaktor für Kinder. – Und vor allem eine Brotzeit: Baden macht hungrig!

Denken Sie immer daran: Ausflüge machen hungrig

• Freizeit- und Safariparks, die ich nicht besonders empfehlen möchte, weil in ihnen für das eigene Entdecken kein Raum bleibt und weil sie sehr teuer sind. Jeder Park hat andere Attraktionen, der eine setzt mehr auf Achterbahnen und Karussells, der andere ist auf Tiervorführungen spezialisiert oder hat einen besonders schönen Blumenpark. Drei bis vier Stunden sollten Sie für einen solchen Besuch vorsehen, für die Phantasia-Parks sechs bis acht

• Volks- und Revierparks mit ihren tollen Spielplätzen, Bädern, Mini-Eisenbahnen und so weiter

• Landes- und Bundes-Gartenschauen, die immer eine Augenweide sind und ein fast unerschöpfliches Angebot an alten und neuen Spielgelegenheiten für Kinder (und Erwachsene) bereithalten.

HINAUS INS GRÜNE!

Wie gut kennen Ihre Enkelkinder eigentlich die Natur? Wissen sie, wo die Milch herkommt und wie die Kartoffeln wachsen? Haben sie schon einmal die Wege der Ameisen betrachtet und ein Rindenschiffchen im Bach schwimmen lassen?

Kinder brauchen die Natur

Es gibt viele Eltern, die mit ihren Kindern durch Felder und Wiesen wandern und ihnen zeigen und erklären, was es da zu sehen gibt, doch manche Eltern kommen nicht oft dazu. Es gibt viele Kinder, die in einem Häuschen im Grünen aufwachsen oder in einem Dorf, doch manche Kinder leben nicht so nahe an der Natur. Ob Ihre Enkel nun schon einiges wissen oder sich draußen noch gar nicht auskennen – es bleibt immer noch genug, was sie mit Ihnen gemeinsam erfahren, erleben, entdecken können. Gehen Sie hinaus mit den Kindern! Das ist eine ganz andere Welt als die der Technik und der Medien, und die Kinder brauchen diese Erfahrungen, wie die Pflanzen die Sonne und den Regen brauchen. Frische Luft tut Kindern gut, Mut und Selbstvertrauen können draußen besser wachsen als vor dem Computer, dazu der Orientierungssinn, die Sensibilität und die Ehrfurcht vor der Natur.

Unentbehrlich: eine gute Wanderkarte

Machen Sie Wanderungen und Radtouren mit den Kindern; je älter sie werden, umso mehr können Sie sie an der Auswahl der Ziele, der Planung der Route, dem Kartenlesen und Auffinden von Wegmarkierungen beteiligen. Karten im Maßstab 1 : 50 000 sind für solche Unternehmungen am besten geeignet, wenn in ihnen auch markierte Wander- und Radwanderwege eingezeichnet sind. Sie führen abseits der großen Straßen durch schöne Gegenden.

Ich mache Ihnen im Folgenden drei Vorschläge für Streifzüge durch die Natur: durch den Wald, durch Felder und Wiesen und zum Bach. Das sind keine Touren, sondern Erkundungsgänge mit viel Zeit für Beobachtungen und Spiele. Ich nenne auch einfache Dinge beim Namen, um sie in Erinnerung zu rufen oder um Veränderungen zu erklären. Wahrscheinlich haben Sie manches von dem vergessen, was Sie als Kind wussten: die Namen von Blumen und Tieren, was man auf der Wiese spielt und was man im Wald sammeln kann. Außerdem haben sich Landschaft und Landwirtschaft in den letzten zwanzig, dreißig Jahren so verändert, dass vieles nicht wieder zu erkennen ist.

In den letzten Jahren sind zahlreiche Bücher zum Thema »Die Natur entdecken« erschienen, die sich an Eltern und Kinder wenden. Manche Großeltern finden sie eher einschüchternd, sie können sich nicht vorstellen, mit den Enkeln Wasserflöhe zu fangen. An diese Großeltern wenden sich meine Vorschläge. Sie sollen Ihnen Mut machen, mit Ihren Enkeln draußen etwas zu unternehmen, ohne gleich »Naturforscher« zu werden – es genügt, dass Sie den Kindern helfen, Augen, Ohren und ihr Herz aufzutun. Vielleicht greifen Sie später, wenn Neugier und Interesse entstanden sind, gemeinsam zu den spezielleren Büchern.

Nicht erschrecken: Sie müssen nicht zum Naturforscher werden!

Aber vielleicht wollen die Enkel gar nicht mit Ihnen nach draußen gehen? Machen Sie die Unternehmung attraktiv, geben Sie ihr einen Namen, der Abenteuer verspricht (»Im Wald nach Räubern suchen«) oder an den Sammeltrieb der Kinder appelliert (»Schneckenhäuser sammeln«), oder versprechen Sie wenigstens ein Picknick.

Geben Sie Ihren Spaziergängen Namen, um sie attraktiv zu machen

Lassen Sie die Kinder zwischen mehreren Namen oder Themen wählen, auch wenn für Sie das Ziel, ein kleines Waldstück zum Beispiel, immer das gleiche ist. Diese Themen oder Namen können Sie auf Zettel schreiben und auslosen, sodass die Enkelkinder von Anfang an beteiligt werden.

Der Name soll nur ein Einstieg sein. Wenn sich der Spaziergang in etwas anderes verwandelt, wenn Sie in einer Schutzhütte Zuflucht suchen müssen, weil es regnet, und sich dort Geschichten erzählen, statt einen Ameisenhaufen zu beobachten, dann wird niemand traurig sein, wenn nur alle am Ende der Meinung sind, etwas Tolles erlebt zu haben.

Nehmen Sie sich Zeit und Ruhe für das Kleine und Leise

Wohin Sie auch gehen, was immer Sie tun wollen: Tun Sie's mit Zeit und Ruhe, ohne den Eifer, noch dies und das sehen oder tun oder erklären zu müssen. Lassen Sie die Natur selbst das Programm bestimmen, und üben Sie sich zusammen mit den Kindern darin, das Unerwartete dankbar aufzunehmen, das Kleine zu beobachten, auf das Leise zu lauschen und auch, einmal gar nichts zu tun, als nur am Waldrand zu sitzen und es zu genießen.

In unserem dicht besiedelten Land geht freilich auch das nicht ohne Regeln.

Regeln für den Aufenthalt in der Natur

• Halten Sie sich an die Wege, solange Sie in landwirtschaftlich genutztem Gebiet sind.

• Wo das nicht möglich ist, gehen Sie auf einem Acker- oder Wiesenrand in einer Reihe hintereinander.

• Naturschutzgebiete dürfen Sie entweder gar nicht oder nur auf den ausgewiesenen Wegen betreten. Auch diese können zeitweilig gesperrt sein, um vielleicht ein Brutgebiet zu schützen.

• Machen Sie kein Feuer, außer an ausgeschilderten oder Ausnahmeplätzen (siehe Seite 173).

• Schließen Sie alle Tore, durch die Sie gegangen sind.

• Kleine Tiere (Insekten und so weiter) aufzunehmen, zu betrachten und zurückzusetzen ist erlaubt. Größeren Tieren wie Vögeln und Eichhörnchen nicht hinterherjagen; Jungtiere (Rehkitze zum Beispiel) nicht berühren; Pflanzen nicht ausgraben. Man darf Blumen, sofern sie nicht zu geschützten Arten gehören, zum Strauß pflücken.

• Seien Sie leise! Unsere Freiflächen, unsere Wälder sind so klein geworden, dass wir uns wie Gäste, nicht wie Herren darin bewegen müssen. Wir teilen sie mit den Tieren, die wir nicht verschrecken wollen. Darum sollten wir den Enkeln nicht »alle Leinen loslassen« zum Toben und Brüllen im Wald.

• Verlassen Sie im Winter möglichst nicht die Wege, und seien Sie besonders ruhig. Einem Tier, das sich vor Menschen verbergen muss, kann im Winter beim zweiten Anlauf zum Nahrungssuchen die Kraft ausgehen.

Ein Streifzug durch den Wald

Die Grund-
ausrüstung für
die Streifzüge

Bei allen Streifzügen sollten Sie über eine Grundausrüstung verfügen: feste Schuhe, eine Decke, einen kleinen Tagesrucksack, den die Kinder tragen können (sie finden das toll) folgenden Inhalts: ein Taschenmesser, Papiertaschentücher, je ein Stück Schnur und Pflaster, ein Säckchen oder eine Plastiktüte für Funde. Erkundigen Sie sich bei den Eltern, ob die Kinder eine Zeckenschutzimpfung haben. Machen Sie beim Heimkommen unbedingt einen Zeckencheck.

Im Wald ist es kühl und still und ein wenig dunkel. Oft muss man weit laufen oder fahren, bis man dorthin gelangt, und dann ist es manchmal nur ein kleines Wäldchen, das von allen Seiten durch Häuser und Straßen, Wiesen und Felder eingeschnürt ist. Doch auch so ein kleiner Waldrest vermittelt den Kindern noch den Eindruck einer anderen, geheimnisvollen Welt, und es fällt ihnen nicht so schwer wie sonst, still zu sein. Das tut den Tieren gut, doch vor allem den Kindern, die auf diese Weise etwas vom Zauber des Waldes erfahren können.

Nur wenn man
sich leise verhält,
kann man hoffen,
größere Tiere zu
sehen, doch auch
die kleineren sind
interessant

Sagen Sie den Kindern, dass alle Tiere sie längst wahrgenommen haben, wenn sie in den Wald eintreten. Erst nach einer Viertelstunde, in der man sich ganz still verhalten hat, haben sich die Tiere an die Besucher gewöhnt. In der Dämmerung und dort, wo Lebensräume aneinander stoßen, also am Waldrand, hat man die größte Chance, Tiere zu sehen.

Am Eingang des Waldes oder auf einem Parkplatz findet man häufig Tafeln, die eine schematische Landkarte und darauf markierte Rundwege zeigen. Wählen Sie einen kurzen, denn dies soll keine Wanderung werden, sondern ein Streifzug, bei dem Sie viel sehen und erleben wollen und vielleicht gelegentlich den Weg verlassen werden. Deshalb brauchen Sie feste Schuhe.

Bei größeren Wäldern sollten Sie für alle Fälle eine Trillerpfeife mitnehmen! Ich will Ihnen keine Angst machen, doch ist es besser, sich vorzustellen, dass Sie sich verlaufen könnten, wenn der Wald nicht ganz klein ist. Mit einer Trillerpfeife, billig im Sportgeschäft erstanden, kann man über eine größere Entfernung auf sich aufmerksam machen. Das Notzeichen ist: sechsmal in einer Minute ein Zeichen geben, dann eine Minute warten, dann wiederholen.

Laubwald aus Buchen: der Boden ist im Frühjahr, solange die Bäume noch kahl sind, mit Himmelschlüsseln, Buschwindröschen und vielen anderen bunten Blumen bedeckt und später mit dem rotbraunen Buchenlaub; Nadelwald: er ist dunkel, und nur dort, wo die Bäume ein paar Sonnenstrahlen durchlassen, wachsen Farne und weiches Gras; Mischwald: er ist am interessantesten, weil es in ihm die größte Vielfalt an Bäumen und Pflanzen gibt.

Der Weg wird Sie durch unterschiedliche Wälder führen

Der Weg lässt die Sonne in den Wald. Dort gedeihen Ahorn, Eiche, Birke, viele Sträucher, Blumen, Beeren und Pilze. Die Ahornfrüchte sind wie kleine Propeller und segeln im Herbst spiralförmig zu Boden, die Kinder heben sie auf, klappen das Nüsschen am Ende mit den

Am reichsten ist die Vegetation rechts und links des Weges

Fingernägeln auf, tun ein bisschen Spucke darauf und kleben sie sich auf die Nase – so werden sie zu »Nashörnern«. Was man von den Beeren essen kann und was nicht, wissen Sie wahrscheinlich noch aus Ihrer Kindheit (siehe Seite 159 ff.), aber bedenken Sie die Gefahren des Fuchsbandwurms. Der Weg ist wie ein Guckloch in den Wald, Sie können ein Stück weit blicken und sehen vielleicht einen Rehbock oder ein Reh mit seinen Kitzen, ein Kaninchen oder ein Eichhörnchen. Die anderen Tiere, die der Wald verbirgt, sind zu scheu, um sich am Tage zu zeigen. Dort, wo der Weg besonders feucht ist, entdecken die Kinder die Trittspuren des Tieres, das sie eben in der Ferne gesehen haben.

Beobachten Sie die kleinen Tiere: Schnecken …

An feuchten Tagen oder nach einem Regen sieht man auf dem Weg schwarze oder orangebraune Nacktschnecken, die Schnecken ohne Haus. Die Kinder können die Schleimspur sehen, auf der sie dahingleiten und die es ihnen ermöglicht, auch über einen rauen Untergrund hinwegzukommen. Bei genauem Zusehen nimmt man auch die Wellenbewegung der Kriechsohle wahr, die sie voranbringt. Wenn man die Schnecke antippt, zieht sie ihre »Hörner« ein und zieht sich dann ganz zusammen, so wie sich die Gehäuseschnecken in ihr Haus zurückziehen.

… Spinnen

Rechts und links des Weges haben die Spinnen ihre Netze gebaut. Zeigen Sie den Kindern, wie kunstvoll sie zwischen die Rahmenfäden ausgespannt sind. In ihrem großen Netz sitzt die Kreuzspinne (sie hat ein helles Kreuz auf dem Rücken) meist mittendrin und hält mit den Vorderbeinen die Signalfäden, die ihr jede Bewegung im Netz anzeigen. Oder Sie sehen, wie geschickt sie über die Fäden ihres Netzes läuft und sich an einem Faden zur Erde herablässt. Wenn Sie lange genug zuschauen, erleben Sie vielleicht, wie sich ein Insekt in den klebrigen Fäden verfängt und eine Beute der Spinne wird.

144

Im Nadelwald werden Sie sicher auf einen Ameisenhaufen stoßen. Ameisen leben von den Schädlingen
des Waldes und sind deshalb so nützlich, dass die Förs-
ter ihre Nester eigens anlegen und schützen. Sie sind
sogar gesetzlich geschützt und dürfen nicht berührt
werden! An schönen warmen Tagen wimmelt es auf
dem aus Tannennadeln errichteten Bau und in der Umgebung, und die Kinder werden lange dort verweilen
wollen. Vorsicht bei der Annäherung! Wenn man auf
eine Ameisenstraße tritt, laufen die Tiere blitzschnell
am Bein herauf und beißen zu, und man hat eine Weile
zu tun, sie alle abzustreifen. Suchen Sie also einen Platz
zwischen den viel belaufenen Ameisenstraßen, und
beobachten Sie die Arbeiterinnen dort. Sie schleppen
Nadeln und kleine Ästchen heran, mit denen andere
den Bau ergänzen, oder tote Insekten, Falter und Larven zur Ernährung oder Harzklümpchen, mit denen
die Nesteingänge nachts verschlossen werden. Andere
Arbeiterinnen pflegen im Innern des Baus die Königin, die unablässig Eier legt, und die Larven, die sich
daraus entwickeln.

Immer wieder unterbrechen die Ameisen ihr eifriges Hin
und Her, stellen sich auf die Hinterbeine und betasten

... einen
Ameisenhaufen

Zeigen Sie den
Kindern, wie
die Ameisen sich
verständigen

sich mit den Fühlern, wobei sie Botschaften weitergeben. Sie können die Ameisen auch füttern: Legen Sie kleine Nahrungsstückchen auf eine der Ameisenstraßen, ein wenig Brot, Wurst oder Käse oder ein Bonbon. Schauen Sie, welch eine Aufregung entsteht, wie sie sich untereinander verständigen, die Nahrung zerteilen und versuchen, zu vielen gemeinsam die Stückchen oder das ganze süße Bonbon in den Bau zu schleppen.

Lauschen Sie auch in den Wald hinein

Vielleicht hören Sie ein Rotkehlchen oder eine Drossel, den laut zeternden Eichelhäher oder das rasend schnelle Hämmern eines Spechts. Er ist nicht besonders scheu, wenn er den Stamm eines Baumes bearbeitet, um an Larven unter der Borke zu kommen, die seine Nahrung sind, oder um sich eine Nisthöhle zu schaffen. Wenn Sie sich leise anschleichen, werden Sie ihn bei der Arbeit sehen.

Lassen Sie die Kinder von einem Rastplatz ausschwärmen und eigene Entdeckungen machen

Suchen Sie sich einen schönen Rastplatz, von dem die Kinder ausschwärmen können, um ihre eigenen Entdeckungen zu machen. Sie werden vielleicht einen Kletterbaum finden oder Pfützen, in denen viele kleine Tiere herumwimmeln und wo aus dem Gras in der Nähe ein Frosch oder eine Kröte davonspringt. Haben Sie keine Angst, die Kinder könnten von Schlangen gebissen werden! Die sind äußerst selten geworden, sind sehr scheu und flüchten, wenn sie die geringste Erderschütterung wahrnehmen. Wirklich gefährlich sind die Langholzstapel! Lassen Sie die Kinder nicht darauf klettern, die Stämme können verrutschen und die Füße oder Beine der Kinder einklemmen.

Bauen Sie eine Zwergenwohnung

Die kleineren Kinder werden sich freuen, wenn Sie mit ihnen eine Zwergenwohnung bauen, etwa am Fuß eines großen Baumes, wo sie ein weiches Moospolster gefunden haben. Das Häuschen fügen Sie aus Rindenstückchen zusammen oder bauen ein »Blockhaus« aus Ästchen von etwa 8 cm Länge, die Sie einfach im Verbund übereinander legen, mit einem Rindenstück oder einem Blatt als Dach – es ist nicht haltbar, aber vielleicht sind die Zwerge damit zufrieden? Oder ziehen sie ein Papierhaus vor, aus einem Blatt aus Ihrem Notizbuch? Kienäppel, Tannenzapfen oder kleine Steine, denen Sie ein Gesicht aufmalen, bilden die Zwergenschar, oder Sie haben kleine Figürchen von zu Hause mitgebracht, mit denen Sie die Landschaft beleben. Die Kinder haben sicher noch mehr Einfälle dafür.

Gibt es wenigstens fünf längere gerade, feste Äste? Dann setzen Sie sie zeltförmig gegeneinander und binden sie oben mit einer Schnur zusammen. Nun haben Sie schon das Gerüst für ein Tipi, dessen Wände die Kinder mit Farnkraut und Zweigen ausfüllen können. Groß ist es nicht, das selbst gebaute Zelt, stabil ist es auch nicht, aber zwei, drei Kinder können darin sitzen, es sich noch ein bisschen gemütlich machen mit Moos und Zweigen.

Größere Kinder lieben es, sich eine Hütte oder ein Indianerzelt zu bauen

Eine andere Möglichkeit für eine Bude schaffen Sie mit der Schnur aus Ihrem Rucksack, wenn Sie sie möglichst weit oben um einen freistehenden Baum binden und dann schräg zum Boden spannen bis zu einem Holzpflock, den Sie eingeschlagen haben, oder bis zu einem kleinen Baum und dort festknoten. Die Kinder machen daraus mit Zweigen, die sie gegen die Schnur lehnen, so etwas Ähnliches wie ein schräges Zelt. Auch darin werden sie sich wie in einem Haus und geborgen fühlen, und vielleicht setzt sich Oma oder Opa ein wenig mit hinein? Sonst machen Sie es sich abseits auf Ihrer Decke oder Isomatte gemütlich!

Noch eine Bude

Beim Weitergehen schauen Sie sich einmal die Holzstöße an, die am Wege aufgesetzt wurden. Zeigen Sie den Kindern die Jahresringe auf dem frisch gesägten Stamm, und zählen Sie, wie alt der Baum war, als er gefällt wurde. Das ist leichter bei Bäumen, die einzeln gestanden haben, weil sie pro Jahr einen größeren Holzzuwachs haben als die im Wald eng stehenden Bäume, deren Jahresringe sehr eng zusammenliegen.

Im Kiefernwald werden Sie vielleicht seltsame flache Plastikkästen auf Pfählen sehen. Sie dienen der Schädlingsbekämpfung, es sind nämlich Fallen für die Männchen des Kiefernspanners, in die sie mit dem Duftstoff der Weibchen gelockt werden. Eindrucksvoll sind die Fressspuren der Buchdruckerlarven, einer Borkenkäferart. Zeigen Sie den Kindern, indem Sie von einem toten Baum die Rinde abheben, die Gänge im Holz, die wie Zeilen eines Buches angeordnet sind.

Tierbauten entdecken

Wenn Sie dann wieder zum Waldrand kommen und zu einer Stelle, wo die Sonne die Erde erwärmt, entdecken die Kinder vielleicht versteckt unter Strauchwerk die Einschlupflöcher eines Kaninchen- oder Fuchsbaus. Die Kaninchen wohnen in großen Familien zusammen und bauen sich ganze Höhlensysteme mit vielen Ausgängen. Wer leise und unbeweglich die Ausgänge beobachtet, kann erleben, wie sie hervorkommen und das Gras in der Nähe abweiden.

Von diesem Streifzug können sie allerlei heimbringen: Moos, Flechten von den Baumstämmen, Wurzeln, Federn, Schneckenhäuser, Steine, einen Blumenstrauß und vielleicht auch ein paar Waldbeeren.

Ein Streifzug durch Felder und Wiesen

Zusätzlich zur Grundausrüstung (siehe Seite 142) sollten Sie in Felder und Wiesen einen Ball mitnehmen.

Schonzeiten für die Wiese

Darf man auf die Wiese gehen oder nicht? Die Wiese ist für uns ein Pflanzen-, Blumen- und Tierparadies, für den Landwirt ist sie ein Arbeitsfeld. Wenn wir darin herumlaufen, treten wir das Gras nieder, und es kann nicht mehr gut geschnitten werden. Deshalb geht man nicht auf eine Wiese, in der das Gras hoch steht, sondern bleibt am Rande und freut sich an dem, was dort wächst. Nach der Mahd, die je nach Landschaft zum ersten Mal Ende Mai erfolgt, dann noch einmal im Juli und vielleicht ein drittes Mal im September, ist die Wiese ja nicht tot! Zwischen den kurzen Stängeln entdeckt man Kleintiere, die sich nicht mehr so leicht verbergen können wie im hohen Gras, Insekten wimmeln herum, ein Grashüpfer springt auf, bei feuchtem Wetter kommen Schnecken hervor, man sieht Mäuse und Maulwurfsgänge und kann leere Schneckenhäuser einsammeln. Hier können die Kinder auch einmal toben.

Nicht jede Wiese ist eine »Wiese«; wenn sie eingezäunt ist und darauf die Nutztiere grasen, ist es eine Weide. Um die Weiden sind oft Elektrozäune gezogen, dünne Drähte, in denen man es ticken hört und bei deren Berührung man einen elektrischen Schlag bekommt. Er ist nicht gefährlich, aber unangenehm.

Achtung vor Elektrozäunen!

Die Pferde grasen auf einer Koppel. Neugierig kommen sie zum Zaun, sie sind daran gewöhnt, ein wenig frisches Gras auf der flachen Hand angeboten zu bekommen und am Hals getätschelt zu werden. Das können die Kinder normalerweise ruhig wagen, aber Sie kennen Ihre Enkel gut genug, um das einzuschätzen. Doch bringen Sie keinen Zucker oder sonstiges Futter für die Tiere mit; es sind meist hochgezüchtete Geschöpfe, die ihren eigenen »Diätplan« haben. Auch die Kühe kommen gern zum Zaun, sie nehmen aber das angebotene Gras nicht von der flachen Hand wie die Pferde, die es mit ihren weichen Lippen fassen, sondern greifen mit ihrer langen Zunge nach dem Grasbüschel. Schafe und Ziegen machen es genauso. Die Kinder können sie streicheln, sie haben aber auch Spaß, am Zaun entlang-

zurennen, die Tiere auf der anderen Seite des Zauns tun
es ihnen nach.

Und wo kommt die Milch her? Auf einer Weide in der
Nähe des Bauernhofes stehen die großen Milchkühe
mit den prallen Eutern. Gegen Abend kommt der Bauer und öffnet die Gatter, die den Kühen den Weg zum
Hof freigeben – sehen Sie diesen Weg? Er ist voller
Kuhfladen. Die Kühe warten schon darauf, dort entlang nach Hause zu trotten, denn sie wollen gemolken
werden und bekommen auch Futter. Im Stall schließt
der Bauer die Euter an die Melkmaschine an, und die
Milch fließt in den Kühltank in der Milchstube, aus
dem sie der Milchwagen am anderen Tag heraus-
pumpt. Früh am Morgen werden die Kühe wieder gemolken, und dann kehren sie auf die Weide zurück.

Sind die Weidetiere gefährlich oder nicht? Die Tiere auf Weiden und Koppeln, sind sie gefährlich
oder nicht? Jedes Tier kann gefährlich werden, wenn es
gereizt wird oder Angst bekommt, deshalb müssen Sie
allzu forsche Kinder bremsen und sie darauf hinweisen,
sich den Tieren niemals von hinten zu nähern, wo sie
von manchen mit den Hinterbeinen getreten werden
können. Wirklich gefährlich sind Jungbullen, die auf
einer eigenen Weide gehalten werden.

Auf dem Weg zwischen den Viehweiden haben Sie vielleicht noch Wolle vom Stacheldrahtzaun abgesammelt, die die Schafe verloren haben, genug für ein Puppenbettchen. So kommen Sie schließlich zu einer richtigen schönen bunten Wiese. Suchen Sie sich am Rande ein Plätzchen, breiten Sie die Decke aus, und lauschen Sie: Man hört die Geräusche der entfernten Straße, des Dorfes und die leisen Töne, die aus der Wiese kommen, das Summen von Bienen und Hummeln, das Zirpen der Grashüpfer, dazu den Gesang der Lerche in der Luft. Wie viele verschiedene Pflanzen vor Ihnen wachsen! Die Kinder können sich flach auf die Erde legen und aus der Käferperspektive durch die Gräser schauen.

Doch die bloße Betrachtung der Natur wird ihnen schnell langweilig, darum stellen Sie ihnen eine Aufgabe: Wer findet in fünf Minuten die meisten verschiedenen Blumen oder Pflanzen? Dann ist es gut, wenn sie den Blumen Namen geben können. Doch Namen sind ja nicht alles! Lassen Sie die Kinder die Unterschiede herausfinden, auch fühlen: Da gibt es raue und glatte, wollige und stachelige Blätter, weiche Stängel, kantige Stängel und die Vielfalt der Blüten. Und wie sie alle riechen, wie es riecht, wenn man die Blätter zwischen den Fingern zerreibt!

Was man auf der Wiese beobachten und tun kann

Aus dem gelb blühenden Löwenzahn macht man eine Kette oder einen Gürtel, indem man die Stängel zu Ringlein zusammenbiegt, das dünne Ende in das dicke steckt und ein Ringlein ins andere hängt. Für einen Kranz ritzt man den dicken Stängel mit dem Fingernagel und zieht einen zweiten hindurch, bis er mit der Blüte festsitzt – je näher die Blüten zusammenkommen, umso schöner ist der Kranz. Ähnlich geht es mit Gänseblümchen. Von ihnen oder noch besser von den großen weißen Margeriten kann man auch Antwort in Liebesdingen bekommen. Man zupft die weißen Blütenblättchen der Reihe nach aus und sagt:

»Er liebt mich – von Herzen – mit Schmerzen – ein ganz klein wenig – oder gar nicht – er liebt mich …«

Das letzte Blättchen sagt die Wahrheit!

An einem Stängel entdecken Sie vielleicht ein bisschen Schaum, »Kuckucksspucke« genannt. Eine Schaumzikade hat dort in den Stängel ein Ei gelegt, die daraus entstandene Larve schäumt den Saft der Pflanze auf. Sicher werden Sie kleine Schmetterlinge oder ihre Raupen sehen, Spinnen und ihre Netze und vielleicht auch einen winzigen weißen Kokon an einem Grashalm, in dem die Spinne ihre Eier abgelegt hat.

Pflücken Sie noch einen schönen Strauß, ehe Sie zum Heimweg aufbrechen, und schauen Sie nach, ob auch nichts zurückgeblieben ist von Ihrem Wiesenbesuch als das zerdrückte Gras unter der Decke.

Roggen, Weizen, Gerste, Hafer und Triticale

Wenn Sie der Heimweg zwischen Getreidefeldern entlangführt, sind Sie da, wo das Brot herkommt, bei Weizen, Roggen, Gerste und Hafer. Die drei ersten haben eine feste Ähre, in der die Getreidekörner sitzen, sie ist

von borstigen »Haaren«, den Grannen, umgeben. Wenn man gegen den Strich darüber streicht, bleiben die Finger an den kleinen Widerhaken hängen. Die Gerste hat die längsten Grannen, sie wird am frühesten geerntet und hat dann die schönste goldene Farbe. Der Weizen hat fast keine Grannen und steht auf kurzen Halmen. Der Roggen hat mittellange Grannen und insgesamt eine eher graue Farbe. Die Körner des Hafers wachsen nicht in festen Ähren, sondern in lockeren Rispen, aus ihnen werden die Haferflocken gemacht, und aus der Gerste braut man Bier. Zu den vier alten Getreidearten ist neu die Triticale hinzugekommen, eine Kreuzung aus Roggen und Weizen.

Am Rande der Kornfelder wachsen »Unkräuter«, wie roter Mohn und blaue Kornblumen. Man kann einen Strauß pflücken, ohne ins Feld zu gehen und das Getreide niederzutreten. Früher, als es noch keinen Kunstdünger gab und die Ernte deshalb viel geringer ausfiel, sorgte man sich um jeden Getreidehalm und bedrohte die Kinder, nur ja nicht ins Feld zu laufen. Man sagte ihnen:

Es gibt sie nicht mehr: die »Roggenmuhme«

»Lass stehen die Blume, geh nicht ins Korn,
die Roggenmuhme geht um da vorn.«

Auf anderen Feldern wird Raps angebaut, kleine Blattpflanzen mit gelben Blüten, die die Rapsfelder wie eine einzige Farbfläche erscheinen lassen; süßer Duft steigt daraus auf und zieht die Bienen an. Die Ernte der reifen länglichen Früchte erfolgt im Juli, man gewinnt Öl daraus und Biodiesel. Wir sehen aber auch im Herbst noch goldene Felder. Dort hat der Bauer nach der Getreideernte Senf, einen Verwandten des Raps, als Nachsaat gesät, die die Kühe abweiden werden, bevor der Winter kommt. Neuerdings gibt es gelegentlich auch herrlich blaue Felder, auf ihnen wächst Phacelia, eine gute Bienenweide. Sie verdeckt für eine Weile, dass dort

Gelb und duftend: Raps

153

ein Feld brachliegt, wie es die Europäische Union von den Landwirten verlangt. Und gelegentlich sieht man ein blaues Flachsfeld.

Kartoffeln Die Kartoffelfelder bedecken sich im Juni mit weißen duftenden Blüten, daraus entwickeln sich später Früchte, die wie kleine grüne Tomaten aussehen und giftig sind. Wenn im Oktober die unterirdisch wachsenden Kartoffeln abgeerntet sind, kann man Nachlese halten und noch die eine oder andere Knolle finden. Früher wurden die ausgerissenen Kartoffelstauden auf den Feldern verbrannt, dann war die Luft von blauem Rauch und einem wunderbaren Duft erfüllt. In der heißen Asche bereitete man eine gute Kartoffelmahlzeit. Heute dürfen die Landwirte fast nichts mehr verbrennen, sie pflügen das Kartoffelkraut unter.

Mais Ab August gehen wir auf Feldwegen wie zwischen Mauern, wenn rechts und links der Mais übermannshoch steht. Er ist das Getreide der Indianer, bei uns dient er

der Fütterung der Tiere im Winter, wie die Futterrüben, die man noch vereinzelt sieht. (Kleiner sind die süßen weißen Zuckerrüben, aus denen unser Zucker gemacht wird.) Die reifen Maiskolben in ihren Blättertüten eignen sich nicht gut zum Essen, sie sind nicht so weich wie der Zuckermais, den wir im Laden kaufen, doch die Maisblättertüten sind Bastelmaterial für die Kinder, siehe Kapitel »Basteln mit Naturmaterial«, Seite 219 ff.

Von diesem Streifzug können Sie Blumen, Schneckenhäuser und Steine heimbringen und vielleicht die Wolle für ein Puppenbettchen.

Ein Streifzug zum Bach

Zusätzlich zur Grundausrüstung (siehe Seite 142) sollten Sie zum Bach ein Fernglas, Mückenschutzmittel, Gummistiefel und ein Handtuch mitnehmen.

Sie entdecken den Bach von einer Brücke aus und schauen hinunter. Natürlich wollen die Kinder gleich ein Stöckchen hineinwerfen, um zu sehen, ob das Wasser auch wirklich fließt. Halten Sie sie noch einen Moment zurück, und sehen Sie sich um: Vielleicht sitzt irgendwo ein Vogel und beobachtet das Wasser, der blitzblaue Eisvogel gar? Vielleicht trippeln am Ufer ein paar schwarzweiße Bachstelzen mit wippendem Schwanz umher, vielleicht kann man ein paar kleine Fische sehen? Sie verschwinden wie der Blitz, wenn die Kinder mit Hallo ihre Stöckchen hineingeworfen haben, die sie mit den Augen verfolgen, bis sie irgendwo hängen bleiben. Mit einem Stock versuchen sie, sie wieder flott zu machen, und schnell ist daraus ein Wettspiel geworden: Wessen Stöckchen schwimmt schneller, schwimmt weiter?

Wer hat das schnellste Stöckchen?

Größere Stöcke sollten die Kinder nicht ins Wasser werfen, denn die können irgendwo den Wasserlauf blockieren. Die Bäche, die ja das Regenwasser ableiten, müssen von den Bauern oder den Gemeinden und Kreisen regelmäßig gereinigt werden, und die ärgern sich, wenn Kinder Holz oder anderes hineinwerfen. Halten Sie sie auch davon ab, dort umherzulaufen, wo der Uferrand abzubrechen droht. Meist wird er von den Wurzeln der Bäume, besonders von den Erlen, festgehalten, doch Sie werden auch Stellen sehen, die ausgespült sind und wo das Wasser schon einmal über die Ufer getreten ist. So ein Bach ist ja nicht harmlos, er kann mächtig anschwellen und das Land überschwemmen. Die Menschen versuchen, ihn in seinem »Bett« einzusperren, um sich vor Schaden zu schützen, und so finden Sie, wo die Baumwurzeln fehlen, manchmal das Ufer mit großen Steinen und Beton befestigt.

Machen Sie Ihre Decke zum »Basislager«, spielen Sie mit den Kleinen, und lassen Sie die Großen den Bach erkunden

Sicher werden Sie einen Platz in der Nähe des Wassers finden, wo Sie Ihre Decke ausbreiten können. Er wird für die Kinder zum »Basislager«, von dem sie ausschwärmen, um den Bach zu erkunden. Rechnen Sie damit, dass Ihre Enkel sich gehörig nass machen werden, deshalb ist es besser, die Kinder ziehen von vornherein den größten Teil ihrer Kleider aus und auch die Gummistiefel, damit nicht das Wasser von oben hineinläuft.

Hier am Bach findet der Großvater vielleicht die besten Gelegenheiten, mit den Enkeln was zu basteln und zu bauen.

Die Kinder werden versuchen, den Bach mit Sand und Steinen zu stauen und einen kleinen Teich entstehen zu lassen, bis das Wasser die Mauern durchbricht. Oder sie versuchen, aus Rinde Schiffchen zu machen, mit Segeln aus Blättern und einem Stöckchen als Mast. Je nach Alter und Geschicklichkeit der Kinder können Sie ihnen dafür das Taschenmesser überlassen oder lieber selbst die Rinde zurechtschnitzen und das Loch für den Mast bohren. Kiefernrinde, von einem gefällten Baum abgelöst, ist weich und leicht zu bearbeiten.

Ein Schiffchen aus Rinde

Vielleicht ist das Bächlein oder der Graben nur einen Fuß breit? Dann sollten Sie gemeinsam gleich vor Ort eine Hängebrücke bauen (oder zu Hause, und Sie bringen sie das nächste Mal mit), damit die kleinen Tiere oder die Zwerge sicher übers Wasser kommen. Lassen Sie die Kinder eine Tüte voll kleiner gerader Stöckchen sammeln, die Sie auf etwa 5 cm Länge zurechtschneiden. Sie werden auf einem oder zwei Klebebändern befestigt oder mit einer Schnur zusammengeschnürt, bis eine Brücke von ausreichender Länge entstanden ist. An den Ufern des Baches verankern Sie sie mit Steinen. Wie rund die Steine sind, wie das Wasser sie abgeschliffen hat! Andere hat es schon zu Sand zermahlen.

Wir brauchen eine Hängebrücke

Wahrscheinlich fällt Ihnen gemeinsam noch mehr ein, was Tier oder Zwerge dringend brauchen: ein Häuschen, einen Tisch mit Hockern, einen Garten. Mit Holz und Steinen und dem, was der Bach angeschwemmt hat, und mithilfe des Taschenmessers kann die Zwergeneinrichtung hergestellt werden. Vielleicht finden sich in Ihrer Tasche ein paar Figürchen, die dort einziehen wollen? Die Hängebrücke rollen Sie zusammen und verstecken sie vor dem Nachhausegehen, um den Bach nicht zu behindern und damit die Feinde der Zwerge nicht in der Nacht über den Fluss kommen können, aber die anderen kleinen Sachen lassen Sie einfach draußen stehen.

Die größeren Kinder werden, wenn sie ein paar Stangen und Bretter gefunden haben, eine »richtige« Brücke bauen wollen und hart daran arbeiten, bis sie nass und müde geworden sind. Zum Schluss sollte alles Baumaterial wieder dahin gebracht werden, wo es vorher war.

Ein Wasserrad aus Ästen

Opa: Ihre Chance! Schlagen Sie vor, ein Wasserrad zu bauen, das wird die Größeren lange beschäftigen. Sie brauchen zwei Astgabeln, die auf beiden Seiten des Baches eingepflanzt oder mitten darin mit Steinen befestigt werden, und einen längeren Ast, der zwischen die beiden Astgabeln gelegt wird. Daran werden in der Mitte zwei oder drei etwa gleich lange, breite Rindenstreifen über Kreuz festgebunden. Es ist nicht leicht herauszufinden, wie tief sie eintauchen müssen, damit das Rad in Bewegung kommt.

Wenn das Rad sich dreht, schauen Sie sich in Ruhe die Ufer an, die dort, wo die Sonne sie erreicht, voller Blumen stehen. An manchen Stellen aber findet sich nur dichtes Brennnesselgestrüpp. Dort ist von den nahen Feldern der Dünger in den Bach geschwemmt worden und hat die Brennnesseln kräftig wachsen lassen. Auch die Wasserpflanzen sind davon so groß geworden, dass sie meterlange »Bärte« im Bach bilden. Im Juli und August sieht das hübsch aus, dann ist das Wasser mit den weißen Blüten des flutenden Hahnenfußes bedeckt.

Enten bitte nicht füttern!

An anderen Stellen, vor allem in der Nähe von Spazierwegen, schwimmen zum Entzücken der Kinder viele Enten mit ihren Jungen. Unvernünftige Menschen kommen ans Ufer und füttern die Tiere mit Brot, ohne zu sehen, dass es hier schon viel zu viele Enten gibt. Sie sind durch die Fütterung zu allzu reichlicher Vermehrung angeregt worden. Die vielen Tiere tragen mit ihrem Kot zur Überdüngung des Wassers bei.

WAS MAN DRAUSSEN SONST NOCH TUN KANN

Essen vom Tisch der Natur

Man kann Blumen, Steine, Federn von draußen mit nach Hause nehmen, aber auch viel Essbares, man muss sich nur ein wenig auskennen. Die Kinder sollten das erfahren und erkennen: Nicht alles Essbare muss aus dem Laden kommen, aber auch lernen: Man steckt nur in den Mund, was man kennt! Es ist so wichtig, dass jemand sie anleitet und ihnen zeigt, was essbar ist und was nicht, damit sie nicht auf eigene Faust Versuche unternehmen, die vielleicht schlecht ausgehen. Besser ist es, wenn Opa und Oma ihre Kenntnisse an die junge Generation weitergeben.

Vielleicht sind Sie ängstlich, die Kinder zum Beerensammeln anzuleiten, weil Sie fürchten, sie könnten sich vergiften? Sie sollten sich von »giftig« keine zu schlimmen Vorstellungen machen. Was giftig ist, ist in der Regel auch bitter, sodass das Kind nicht viel davon essen und seine Gesundheit kaum beeinträchtigt wird.

Wirklich giftig sind unter den Beeren, die sich zum Essen anbieten könnten, nur Tollkirsche und die Beeren von Maiglöckchen und Aronstab. Die Tollkirsche ist eine stattliche Pflanze von bis zu 1 m Höhe, die im Spätsommer und Herbst kleine, runde, glatte schwarze Früchte trägt, umgeben von einem fünfzipfligen Kelch. Aronstab und Maiglöckchen wachsen im feuchten Laubwald und bringen im Frühling weiße Blüten hervor, aus denen leuchtend rote Beeren werden. Für kleine Kinder, die auf der Erde herumkriechen, könnten sie gefährlich sein. Da wohl kaum jemand die Kleinen alleine im Wald herumkriechen lässt, sind diese Beeren eher ein Problem im Garten als in der freien Natur.

Achtung Kinder: Steckt nur in den Mund, was ihr kennt!

Wie viel die Natur für uns bereithält!

159

Ein anderer Einwand gegen das Pflücken und Essen wilder Pflanzen und Beeren ist, sie seien schmutzig. Das ist in einem gewissen Umfang wahr, man kann sich aber damit trösten, dass sie wenigstens nicht gespritzt oder sonstwie chemisch verunreinigt sind – wenn man sie nicht direkt am Rand einer viel befahrenen Straße gepflückt hat. Dort allerdings sollte man nichts pflücken, was man essen will. – Und nochmals der Hinweis auf den Fuchsbandwurm!

Was ich selbst fürchte, sind die klebrigen Finger nach einer Zwischenmahlzeit an der Himbeerhecke. Wenn es Ihnen genauso geht, sollten Sie einen kleinen feuchten Waschlappen in einer Plastiktüte mitnehmen.

Was also kann man finden?

Die ersten im Sommer sind die *Walderdbeeren*. Die kleinen hellgrünen Pflanzen tragen ihre leuchtend roten Früchte, die viel kleiner und aromatischer sind als angebaute Erdbeeren, den ganzen Sommer lang.

Im Juli folgen die *Himbeeren*, die ein struppiges Gebüsch bilden, aus dem wir viele Hand voll Beeren pflücken können, und in warmen Sommern auch schon bald die schwarzen *Brombeeren*. Erfahrene Brombeerpflücker, die mit Kannen losziehen, weil sie für Marmelade und Gelee sammeln, nehmen einen Spazierstock mit. Damit ziehen sie die Ranken aus dem Innern der Hecke zu sich heran, um sie leer zu pflücken. Die Brombeerranken sind so dicht mit scharfen Dornen besetzt, dass man sie mit der bloßen Hand nicht anfassen kann.

Im Wald reifen die *Blau- oder Heidelbeeren*. Auch ihr Gedeihen hängt ganz von den Zufällen des Wetters ab. Am häufigsten findet man sie am Rande des Nadelwaldes. Mit ihrem hellgrünen Laub an kräftigen Stängeln bilden sie einen niedrigen »Unterwald«, aus dem die Beeren tief dunkelblau leuchten. Später im Jahr findet man, wenn man Glück hat, inmitten dunkelgrüner Blättchen die leuchtend roten Preiselbeeren, die ein köstliches Kompott ergeben.

Im Herbst liegt Fallobst unter den Apfel-, Birnen- und Pflaumenbäumen; es wird selten aufgehoben, weil es zu teuer ist, diese Arbeit zu bezahlen. Das ist die Chance für Omas, Opas und Enkel. Fragen Sie den Bauern, unter dessen Bäumen Sie sammeln wollen, um Erlaubnis. Wo weit und breit kein Besitzer zu sehen ist, wird niemand Sie beschimpfen, im Gegenteil! Vielen Besitzern ist das Fallobst, das sie nicht bewältigen können, ein ärgerlicher Anblick, und sie sind froh, wenn sich jemand seiner erbarmt. Für ein gutes Apfelmus und für Apfelgelee braucht man Falläpfel von möglichst verschiedenen Bäumen. Die Kinder helfen Ihnen gern, das Obst, das Sie gemeinsam gesammelt haben, zum Kochen vorzubereiten. Zum Schluss können Sie das frische Apfelmus, kaum ausgekühlt, gemeinsam essen und noch eine Schüssel für die Eltern mitgeben.

Sammeln Sie Fallobst auf, und kochen Sie Apfelmus

Die gewöhnlichen Rosskastanien werden zum Basteln gesammelt, manchmal auch als Wildfutter für den Winter; die Kinder können sie in einem Tierpark abliefern. In milden Gegenden findet man im Wald die kleineren Früchte der Esskastanien, die der Maronimann auf der Straße über dem Holzkohlenfeuer gart. Man kann sie ebenso gut zu Hause auf dem Blech im Backofen rösten.

Mit Kastanien und Bucheckern lässt sich viel anfangen

Die Früchte unserer gewöhnlichen großen Buchen sind dunkelbraun, stachlig und hart. In ihnen sitzen die kleinen braunen Bucheckern, die die Kinder gern ausschälen und essen. Im Krieg brachten wir sie zur Fabrik, wo man Öl daraus presste, oder wir rösteten sie und taten sie als Mandelersatz in den Kuchen.

161

Die *Pilze*, die in manchen Jahren so reichlich wachsen, sind seit dem Reaktorunfall von Tschernobyl leider noch immer radioaktiv belastet und darum meist keine gute Mahlzeit mehr, auch sind einige wirklich tödlich giftig.

Brennnesseln und Löwenzahn – Frühlingsboten in der Küche

Schon in einem milden März, spätestens im April kommen die *Brennnesseln* wieder hervor. Sie bilden dann noch keine undurchdringlichen Bestände, sondern sind ein Frühlingsfest für die Küche: das erste frische Grün. Gehen Sie zusammen hinaus zu den Bach- und Waldrändern, wo die Brennnesseln im Sommer das Durchkommen erschwert haben, und pflücken Sie, die Hände mit festen Handschuhen geschützt, die jungen Spitzen. Sie werden gewaschen und klein gehackt, dann in Fett mit einer Zwiebel angedünstet und mit ein wenig Brühe aufgefüllt. So können sie zum ersten, ein wenig wild und nach Wald schmeckenden »Spinat« gekocht werden. Oder sie sind, ungekocht und fein gehackt, der Stolz einer Grünen Soße, wenn Sie sie zusammen mit klein gehackten Zwiebeln, Gürkchen und gekochten Eiern in Majonäse einrühren.

Auf die Brennnesseln folgt im April und Mai gleich der *Löwenzahn*, dessen noch junge Blätter einen vor allem in Frankreich sehr geschätzten Salat abgeben. Dort sieht man um diese Jahreszeit die Familien in die Wiesen ausschwärmen, auf der Suche nach dem ersten frischen Grün. Man kann die Bitterkeit des Löwenzahnsalats mildern, indem man die Blätter zwei Stunden in Wasser legt, sie dann recht fein schneidet und den Salat mit ausgelassenem Speck, Essig, Öl und Salz anmacht. Salat von *Sauerampfer* oder *Gänseblümchenblättern* ist nicht so bitter.

Wenn Sie und die Enkelkinder Freude daran haben, vom »Tisch der Natur« zu essen, sollten Sie ein spezielles Kochbuch dafür kaufen, das eine Fülle von Anregungen geben kann. Die Kinder sind stolz auf solche

Spezialitäten – vorausgesetzt, sie mögen sie – und erzählen in der Schule, dass sie keine Angst haben,
Brennnesseln zu essen und dergleichen.

Himmel, Wind und Wetter beobachten

Alle reden vom Wetter, doch kann man seine Grund-
lagen auch selbst beobachten: Sonne und Regen, Wolken und Wind. Zusammen »machen« sie das Wetter.
Wo steht die Sonne überhaupt, jetzt, während Sie dies
lesen? Ist sie bereits untergegangen, und wo? Sie haben
vielleicht noch den alten Spruch im Gedächtnis:

Im Osten geht die Sonne auf,
im Süden hält sie Mittagslauf,
im Westen wird sie untergehen,
im Norden ist sie nie zu sehen.

Kennen die Kinder diesen Merkvers? Fragen Sie einmal, was sie in der Schule über die Himmelsrichtungen
gelernt und was sie behalten haben, und dann machen
Sie sich auf den Weg nach draußen, um zu sehen, ob
sie sie wieder finden können.

Am besten gehen Sie zu einem freien Platz in Ihrer
Nähe, an dem Sie öfter vorbeikommen und die Himmelsrichtungen immer wieder »überprüfen« können.
Für den ersten Beobachtungsgang sollten Sie einen son-
nigen Tag wählen. Wo sind nun Norden und Süden,
Osten und Westen? Wenn Sie einen Kompass dabeihaben, ist das einfach zu erkennen, denn seine Nadel zeigt
nach einigen Momenten des zitternden Suchens genau
nach Norden. Blicken Sie nun in Richtung der Kom-
passnadel, so haben Sie Osten rechts, Westen links und
den Süden im Rücken. So ist jede Landkarte angelegt,
meist trägt sie noch einen Pfeil, nach oben gerichtet,

Wie man
die Himmels-
richtungen
bestimmt

163

um Norden anzuzeigen. Lassen Sie die Kinder den Stadtplan »überprüfen«: Ist alles an seinem Ort?

Es geht auch ohne Kompass

Ohne Kompass, aber mit einer Armbanduhr (mit Zeigern!) kann man sich ebenfalls orientieren. Die Kinder drehen sie so, dass der kleine Zeiger in Richtung der Sonne zeigt. In der Mitte zwischen der Zwölf auf dem Zifferblatt und dem kleinen Zeiger ist Süden, am Vormittag links von der Zwölf, am Nachmittag rechts von der Zwölf. Wenn Sommerzeit ist, stehen unsere Uhren auf ein Uhr, wenn es eigentlich zwölf ist. Auch an den Kirchen kann man die Himmelsrichtung erkennen, sie sind immer in Ost-West-Richtung gebaut, mit dem Altarraum im Osten.

Nun haben Sie die Himmelsrichtungen bestimmt und können bei jedem Gang über den Platz schauen, wo die Sonne steht. Sie geht übrigens in unseren Breiten nicht immer punktgenau im Osten auf und im Westen unter, sondern nur an den Tagen des Frühlingsanfangs (21. 3.) und Herbstanfangs (21. 9.). Im Sommerhalbjahr rücken diese Punkte immer weiter nach Norden, im Winterhalbjahr immer weiter nach Süden, und zugleich wird die Tageszeit im Sommer länger und im Winter kürzer. In der Zeitung steht, wann an Ihrem Ort die Sonne auf- und untergeht. Überprüfen Sie mit den Kindern, ob das auch stimmt!

Alte Bauernregel

In der Woche nach Mittsommer muss man darauf achten, ob das Wetter regnerisch ist oder sich Sommerwetter eingestellt hat. Am 27. Juni ist nämlich Siebenschläfer. Eine alte Wetterregel sagt: »Wenn es an Siebenschläfer regnet, regnet es sieben Wochen lang« – und der ganze Sommer ist verdorben. Zumindest für Norddeutschland trifft das ungefähr zu.

Wie ist eigentlich das Haus ausgerichtet, in dem Sie wohnen? Gehen Sie mit den Kindern ums Haus herum, und schauen Sie, wie unterschiedlich die Pflanzen sind, die in den verschiedenen Himmelsrichtungen wachsen, je nachdem nämlich, wie viel oder wenig Sonne sie bekommen. Hat man Terrassen und Balkone nach Südwesten ausgerichtet? In welche Himmelsrichtung schauen die Fenster Ihrer Wohnung? Das Wohnzimmerfenster zeigt oft nach Südwesten, die Fenster von Küche und Bad nach Norden – warum wohl?

Wenn man die Himmelsrichtungen kennt, kann man auch die Windrichtung bestimmen. Am einfachsten sieht man sie an einer Wetterfahne oder einem Wetterhahn, wie es sie auf manchen Häusern und Türmen gibt. Der Wind bläst Wetterfahnen, Fahnen, die Wäsche und die Wolken in seine Richtung, aber benannt wird er nach der Richtung, aus der er kommt. Wenn keine Wölkchen zu sehen sind und sich scheinbar kein Lüftchen regt, kann man doch einen leisen Luftzug spüren. Man hält den mit Spucke angefeuchteten Zeigefinger in die Luft: An der Windseite spürt man eine leichte Kühle. Nun können Sie zusammen mit den Kin-

Wetterfahne und Wetterhahn lassen die Windrichtung erkennen

dern feststellen, ob der Wetterbericht die Wahrheit gesagt hat mit seiner Vorhersage von »Wind aus südwestlicher Richtung«. Wenn Sie eine Radtour planen, vergessen Sie nicht, die Windrichtung mit zu berücksichtigen. Es ist ein schöner Unterschied, ob man geschoben wird oder den Wind ins Gesicht bekommt!

Angst vor Gewitter? Erklärungen werden ihren Enkelkindern helfen, mit ihrer Angst vor Gewittern besser fertig zu werden. Schütteln Sie im Dunkeln den Kunststoffpullover aus, da entlädt sich Energie, da sprühen schon die Funken, und es knistert, und so gibt es auch zwischen den Wolken elektrische Entladungen, freilich von ungeheurer Wucht: die Blitze. Zum Glück fährt nur selten ein Blitz zur Erde herab.

Vom sicheren Fenster aus kann man das gut beobachten und auch die Entfernung des Gewitters berechnen. Man zählt langsam die Sekunden, die zwischen dem Blitz und der Ankunft des Donners in unserm Ohr vergehen: einundzwanzig, zweiundzwanzig, dreiundzwanzig ... Der Schall legt in drei Sekunden einen Kilometer zurück, wenn Sie also bis neunundzwanzig gezählt haben und neun Sekunden vergangen sind, ist das Gewitter noch drei Kilometer entfernt.

Was tun, wenn einen das Gewitter draußen überrascht? Endlich aber ist es nahe herangekommen. Es wird die Kinder beruhigen zu hören, dass Ihr Haus einen Blitzableiter hat oder dass es geschützt zwischen anderen Häusern steht und deshalb kein Ziel für Blitze ist. Bei dieser Gelegenheit können Sie zusammen überlegen, was man tut, wenn einen das Gewitter im Freien überrascht. Eigentlich kann das ja gar nicht passieren, wenn man den Himmel zu beobachten gelernt hat: Man wird sich dann schleunigst auf den Heimweg machen, wenn sich Gewitterwolken auftürmen und gar schon von Ferne der Donner grollt. Aber wenn man doch draußen überrascht wird? Dann soll man nicht unter hohe

Bäume gehen, die die Blitze anziehen, und auch nicht selbst wie ein aufrechter Baum im Felde stehen bleiben, sondern sich ins Gebüsch zurückziehen oder klein machen, in die Hocke gehen, aber auch nicht hinlegen, nicht in der Nähe von Wasser bleiben und nicht in der Nähe von Metall. – Nach einem solchen »vernünftigen« Gespräch ist das Gewitter vermutlich schon weitergezogen, und die nach Regen duftende Luft strömt durch das Fenster herein.

Wenn die Sonne wieder hervorkommt und auf die Regenwolken scheint, bildet sich ein bunter Regenbogen, in der Bibel ein Zeichen der Hoffnung für die Menschen. Vielleicht erzählen Sie die Geschichte Noahs, der vierzig Tage in seiner Arche auf den Wassern der Sintflut fuhr und schließlich mit allen seinen Tieren wieder an Land ging; ein Regenbogen versprach ihm Gottes Segen. Die Kinder werden gern die Arche malen und auch den Regenbogen, aber malen sie die Farben in der richtigen Reihenfolge rot, orange, gelb, grün, blau, indigo, violett? Damit man sie sich merken kann, gibt es einen Merksatz der Anfangsbuchstaben: »Rote oder gelbe Gespenster bleiben im Verlies«, also r – o – g – g – b – i – v. Wenn man einen Sonnenstrahl über einen Taschenspiegel auf eine kleine Wasserfläche lenkt, wie eine Pfütze oder das Wasser in einem flachen Gefäß, und er von dort auf eine weiße Wand oder einen weißen Bogen Papier reflektiert wird, dann kann man »das Licht brechen« und die Regenbogenfarben erscheinen lassen.

Wann und wie bildet sich ein Regenbogen?

Will man aber die Luftverschmutzung sichtbar machen, braucht man nur das Regenwasser an einem oder zwei Tagen in einem sauberen Gefäß zu sammeln und es dann durch einen Kaffeefilter zu gießen, oder auch das Wasser aus einem geschmolzenen Schneeball von frischem Schnee: Wie viel Dreck wird da sichtbar, wie viele Schmutzpartikel! Sie werden sich vielleicht damit

Das wird die Kinder interessieren: Wie sauber ist das Regenwasser?

nicht begnügen wollen, sondern mit den Kindern über die Ursachen und Auswirkungen der Luftverschmutzung reden und darüber, was sie selbst zum Umweltschutz beitragen können: sich zum Beispiel nicht immer mit dem Auto umherfahren lassen, Müll vermeiden, der beim Verbrennen die Luft stark verschmutzt, und so weiter ...

Nacht und Sterne entdecken

Ein absoluter Höhepunkt: eine »Nachtwanderung« bei Vollmond

Wenn es dunkel wird, gehen Kinder normalerweise ins Haus, aber bei Oma und Opa darf es sicher Ausnahmen geben – vor allem, um von ihnen mit der Nacht vertraut gemacht zu werden und die Sterne gezeigt zu bekommen.

Gehen Sie an einem schönen Abend nach dem Abendessen noch einmal hinaus mit den Kindern; Sie können das eine »Nachtwanderung« nennen, das klingt spannend und ein bisschen gruselig. Gehen Sie durch die Straßen bis in den Park, wo manche Vögel abends noch singen, ehe sie einschlafen, und andere mit viel Gezwitscher umherfliegen, ehe sie sich auf ihrem Schlafbaum eingerichtet haben. Informieren Sie sich vorher in einem Kalender oder der Zeitung, ob eine Vollmondnacht zu erwarten ist und wann der Mond aufgehen wird. Wenn Sie eine unverbaute Aussicht in östlicher Richtung finden und das Wetter gut ist, werden Sie das farbige Schauspiel des Vollmondaufgangs genießen können.

Ist die ganze volle Mondscheibe sichtbar, sieht man die dunklen Flecken darauf – ist es der Mann im Mond, der sein Bündel Holz nach Hause trägt? Wie viele Geschichten sind um diese Flecken auf dem hellen Mondgesicht gesponnen worden! Erzählen Sie doch eine bei der Betrachtung des Mondes, oder lesen Sie daheim die Geschichte vom kleinen Häwelmann vor, die Theodor

Storm sich ausgedacht hat. Heute weiß man zwar, dass es keinen »Mann im Mond« geben kann, denn der Mond ist kalt und unwirtlich und die Flecken sind seine trockenen »Meere«, und doch bewegt eine Vollmondnacht die Herzen, auch die der Kinder.

Soll man eine Taschenlampe auf die »Nachtwanderung« mitnehmen? Nein. Wenn es nicht eine Nacht mit Sturm und Regen ist, dann ist sie auch nicht ganz dunkel, und die Kinder werden erleben, wie viel man beim Licht der Sterne und erst recht beim Licht des Vollmonds noch erkennen kann. Man kann sogar Verstecken spielen, nämlich »Kätzchen hat sich verlaufen«. Das Gebiet sollte allerdings klar abzugrenzen sein, wie zum Beispiel ein kleiner Park, sonst könnte es passieren, dass Sie Ihre Enkel nur mit Mühe wieder finden. Es könnte Angst entstehen, das Gefühl der Verlorenheit, und das wollen Sie ja gerade vermeiden. Schicken Sie das mutigste der Kinder voraus, und sagen Sie ihm, dass es sich verstecken soll und nur mit »Miau« melden darf, es darf auch weiterlaufen und sich erneut verstecken. Nun können Sie mit den anderen Kindern auf die Suche nach dem »armen Kätzchen« gehen.

»Kätzchen hat sich verlaufen«

Wenn nicht gerade Vollmond ist und wenn Sie einen Ort finden, der nicht ganz von Laternen ausgeleuchtet ist, können Sie mit den Kindern den Sternenhimmel betrachten. Vielleicht haben Sie schon am Westhimmel, wo die Sonne untergegangen ist, mitten im Abendrot einen hellen Stern entdeckt, den Abendstern. Es ist die Venus, die nach der Definition der Astronomen gar kein Stern, sondern ein Planet ist und um die Sonne kreist wie unsere Erde. All die anderen Sterne aber kreisen, wie es unserem Auge erscheint, um den Polarstern. Der steht unverrückbar im Norden, in Verlängerung unserer Erdachse. Erinnern Sie sich, wie man ihn findet? Dazu suchen Sie zunächst das Sternbild des Großen Bären oder Großen Wagens. Wenn Sie in nörd-

Unsere Orientierung am Nachthimmel: der Große Bär

licher Richtung zum Himmel blicken, werden Sie ihn wieder erkennen.

Die Menschen haben ja seit uralten Zeiten versucht, »Ordnung« in die Sternenmenge zu bringen, und sich dafür die »Sternbilder« ausgedacht. Das für uns vertrauteste Bild ist der Große Wagen: Vier Sterne bilden seinen Kasten, drei die gekrümmte Deichsel. Auf dem mittleren Deichselstern sitzt noch ein kleiner Stern, das Reiterlein, und die Kinder werden sich freuen, wenn sie diesen Stern entdecken, der für Ihre Augen vielleicht nicht mehr sichtbar ist. Wenn man die Rückwand des Wagens fünfmal verlängert, gelangt man zum Polarstern. Um ihn kreist, von uns Erdenbewohnern aus gesehen, der ganze Haufen der Sterne, weil die Erde sich um ihre eigene Achse dreht. So kann man in einer sternklaren Nacht ohne Kompass die Himmelsrichtungen bestimmen; die Seefahrer haben sich immer danach gerichtet.

Es wäre gut, wenn Sie den Kindern vor und nach dem Abendspaziergang oder der Nachtwanderung ein Abbild des »Bären« oder »Wagen« zeigen oder aufzeichnen könnten, damit sie ihn leichter wieder finden. Er steht ja nicht jeden Abend an derselben Stelle, sondern kreist auch selbst um den Polarstern. Schaffen es die Kinder, ihn auswendig nachzuzeichnen? Interessieren sie sich vielleicht auch für andere Sternbilder, das große Himmels-W der Kassiopeia zum Beispiel oder den Jäger Orion mit seinem hellen Sternengürtel? Zu allen gehören Sagen, die Sternsagen, die vor mehr als 3000 Jahren erdacht wurden. Vielleicht wollen die Kinder sie kennen lernen, sodass Sie ein Buch darüber aus der Bücherei oder der Buchhandlung brauchen.

Machen Sie eventuell vorher eine Zeichnung

Picknick und Lagerfeuer

Kinder organisieren oft ein Picknick sogar selbst, tun sich mit ein paar Freundinnen und Freunden zusammen und erklären der Mutter: »Wir wollen ein Picknick machen, dürfen wir uns einen Korb, eine Decke und etwas zu essen und zu trinken suchen?« Der Reiz besteht darin, einmal nicht »ordentlich« am Tisch zu essen, sondern draußen in der Natur – und wenn es nur im Garten ist. Meine Enkelkinder nennen es auch Picknick, wenn man sich vor dem Eingang zum Zoo auf eine Bank setzt und Butterbrote verzehrt.

Kinder lieben Picknicks

Ein Picknick also ist ein Essen im Freien. Wenn Sie einen Streifzug durch die Natur antreten oder eine Wanderung oder Radtour machen wollen, sollten Sie immer auch für ein Picknick sorgen. Die wichtigste Entscheidung ist, wie viel Sie transportieren können; man braucht auf jeden Fall etwas zum Essen, etwas zum Trinken und etwas, um darauf zu sitzen. Nach oben sind keine Grenzen gesetzt, doch ein leichtes Picknick zu packen erfordert ein bisschen Nachdenken.

171

Es enthält:

• Kekse

• etwas Ungesüßtes zum Trinken

• eine Isomatte (aus beschichtetem Aluminium) zum Sitzen.

Dieses Picknick ist weder besonders gesundheitsfördernd noch besonders müllsparend, aber es passt in einen kleinen Rucksack und kann von Kindern getragen werden.

Für das »normale« Picknick bieten sich an:

zum Essen

• belegte Brote oder Brötchen

• Kartoffel- und andere Salate, in Plastikdosen verpackt, dazu Teller und Besteck

• hart gekochte Eier und Salz dazu

• Obst, Tomaten, in Streifen geschnittenes Gemüse

zum Nachtisch

• Quarkspeise, erfordert Schälchen und Löffel

• Gebäck oder Kuchen

zum Trinken

• Wasser und Saft in Kunststoffflaschen und -becher

• Früchtetee oder Kakao in der Thermoskanne, mit Bechern

zum Sitzen

• eine Decke

• ein Tischtuch für das Essen, das Geschirr und Besteck, für Hände und Mund ein feuchtes Handtuch in einer Plastiktüte.

Wenn all das für eine größere Zahl Kinder mitgenommen werden soll, sucht man besser im Voraus einen autogünstig gelegenen Platz. Dann kann man auch gleich nach einem Ort für ein Lagerfeuer suchen.

Für das Picknick mit großer Kinderschar

Lagerfeuer sind im Prinzip verboten, denn sie können einen Waldbrand verursachen, und sie belasten die Luft mit Schadstoffen. Andererseits ist die Freude am Lagerfeuer wohl ein Erbe aus der Zeit, als unsere Vorfahren als Jäger/innen und Sammler/innen froh waren, wenn sie sich danach um ein Feuer scharen konnten. Das Ordnungsamt kann Ihnen sagen, wie streng an Ihrem Ort oder in Ihrem Kreis die Vorschriften sind. Wenn es kein direktes Verbot gibt, stellt sich die Frage nach dem Ort. Er darf nicht liegen:

Wo darf man ein Lagerfeuer machen?

• in der Nähe von Bäumen

• im Wald

• neben reifen Feldern, die auch Feuer fangen können.

Er kann liegen:

• auf einem abgeernteten Feld (vorher den Bauern fragen)

• am kiesigen Ufer eines Wasserlaufs

• in einer alten Sand- oder Kiesgrube.

Die Grillplätze der Gemeinden

Am besten gehen Sie zu einem der von den Gemeinden eingerichteten Grillplätzen. Dort finden Sie eiserne Gestelle oder gemauerte Herde als Feuerstellen.

Achtung in trockenen Sommern

In trockenen Sommern ist es generell verboten, Feuer zu machen, denn der Funkenflug kann einen Waldbrand auslösen. Sie erfahren das im Radio, und am Grillplatz gibt es dann ein Verbotsschild.

Lassen Sie die Kinder das Brennmaterial sammeln

Zapfen von Fichten und Kiefern, Rindenstücke, kleine und größere trockene Zweige und Äste, also nichts, was frisch vom Baum abgerissen wurde, können die Kinder schon selbst sammeln. Sie tragen ein paar Blatt zerknülltes Zeitungspapier bei, mit dem der Aufbau der Feuerholzpyramide beginnt. Schichten Sie alles Brennmaterial pyramidenförmig auf, beginnend mit dem, was am leichtesten Feuer fängt; die dickeren Äste kommen zuletzt. Zünden Sie nun an, und pusten Sie – vorsichtig – alle zusammen, wenn das Papier verbrannt ist, das Holz aber noch nicht richtig zu brennen begonnen hat. Dann kommt das Feuer schneller in Gang.

Mit Tannenzapfen kann man auch toll spielen

Wenn die Kinder Zapfen gesammelt haben, brauchen diese nicht alle verbrannt zu werden, man kann damit auch spielen; zum Werfen bieten sie sich ja geradezu an. Schlagen Sie zum Beispiel »Zielwerfen« auf einen

Baum vor. Die Treffer, die jedes Kind erzielt, werden gezählt. Ein »Boccia« entsteht, wenn das Ziel nicht senkrecht steht, sondern auf der Erde liegt, ein besonders großer Zapfen zum Beispiel: Jeder Spieler, jede Spielerin wirft einen Zapfen in Richtung des Zieles, und es gewinnt, wessen Zapfen dem Ziel am nächsten kommt.

Ebenso wie die Steinzeitmenschen ihr Essen auf dem offenen Feuer zubereitet haben, so wollen nun auch die Kinder etwas braten. Man brät aber gar nicht auf offenem Feuer! Das ist nur eine Redensart. Die hochschlagenden Flammen haben keine anhaltende Hitze, sie können aber verbrennen, was man zubereiten will. Darum Geduld! Das Feuer muss erst herabsinken. Schüren Sie es immer wieder mit einem starken, noch frischen Ast, damit es gleichmäßig brennt. Legen Sie Holz nach, aber immer pyramidenförmig. Wie schön, um das Feuer herumzusitzen und den Flammen zuzuschauen!

Versammelt ums Lagerfeuer

Schließlich gibt es genug Glut, um das Braten zu beginnen. Die Kinder haben dünne, lange Stöcke gesucht, die Sie oder die Kinder selbst mit dem Taschenmesser anspitzen. Darauf werden kleine Würste oder, was billiger ist, dicke Scheiben von Fleischwurst gespießt und über die Glut gehalten. Man isst sie mit Brot oder Brötchen, das man auch rösten kann.

Würstchen und Maiskolben rösten

Zur Abwechslung können Maiskolben geröstet werden, die Sie aber vorgekocht von zu Hause mitbringen müssen – sie werden über dem Feuer nicht weich. Der nächste Gang sind die Kartoffeln, die Sie, roh oder vorgekocht, ebenfalls mitgebracht haben. Sie kommen nicht ins Feuer, sondern in die heiße Asche. Rohe Kartoffeln, auch die kleinen, brauchen wenigstens eine halbe Stunde, um gar zu werden. Scharren Sie eine Probekartoffel heraus, um zu sehen, ob man sie (endlich) essen kann. Sie hat eine dicke graue Aschenschale bekommen, man bricht sie auf und isst das weiche Fleisch.

Nichts darf mehr glühen,wenn wir heimgehen!

Und dann beginnt das Aufräumen. Die Glut muss mit einem langen Ast auseinander gezogen werden, damit alles erlischt. Sie dürfen den Platz erst verlassen, wenn nichts Glühendes mehr zu sehen ist und Sie die Reste mit Erde abgedeckt haben. Für die anderen Abfälle finden Sie auf dem Grillplatz Abfalltonnen. Ansonsten ist es Ehrensache, dass alles verpackt und wieder mitgenommen wird.

»OMAS UND OPAS GARTEN IST SO SCHÖN!«

Der Kinder-Garten fürs Kleinkind

Schon wenn Sie gerade erst Großeltern geworden sind, können Sie etwas dafür tun, dass eines Tages Ihr Garten ein Garten auch für die Enkel wird und ein Stück Heimat für sie. Die Anforderungen und Wünsche wechseln freilich mit dem Alter der Kinder.

Bei Kleinkindern sind folgende Punkte wichtig:

• Der Garten ist umzäunt.

• Ein Kleinkind kann seine Tore nicht öffnen.

• Es hat keine ungeschützte Wasserfläche.

• Die giftigen Pflanzen sind kleinen Kindern nicht zugänglich.

• Es gibt Sand zum Spielen.

Die häufigsten Giftpflanzen im Garten sind: Efeu, Fingerhut, Goldregen, Herbstzeitlose, Maiglöckchen, Pfaffenhütchen, Rhododendron, Seidelbast. (Was zu tun ist, falls Sie einen Vergiftungsverdacht haben, siehe S. 251.)

Wenn das Kind dann noch Sandschaufel, Rechen, Eimer, Sieb und Formen zum Kuchenbacken vorfindet, eine Gießkanne und einen Ball, dem es nachlaufen kann, und wenn Sie gelegentlich mit ihm durch den Garten gehen und ihm alles zeigen und erklären, wird es in den beiden ersten Lebensjahren damit zufrieden und glücklich sein.

Was die Kleinen sonst noch brauchen ...

Danach aber wird sich Ihr gepflegter Erwachsenen-Garten deutlich verändern. Vieles ist jetzt wünschenswert:

Wünsche für den Kinder-Garten

• wenigstens ein Obstbaum zum Beobachten und zum Abernten

• wenigstens ein Beerenstrauch

• ein Schmetterlingsstrauch (Buddleia), der die Schmetterlinge anzieht

• eine Regentonne, für gewöhnlich abgedeckt, aber zugänglich, sodass man immer Wasser findet zum Gießen und Matschen

• ein Tisch zum Matschen und Basteln

• ein Plantschbecken, vielleicht aufblasbar

• eine Brause, die vielleicht nur die Brause der Gießkanne ist, gespeist aus dem Gartenschlauch und hoch aufgehängt

• eine Schaukel oder Wippe

• ein Platz für die Hängematte

• eine Tischtennisplatte

- eine Spiel- und Kramecke mit Holz, Brettern, Stricken, Seilen, Leiter

- eine Reisigecke, wo eine kleine Wildnis entstehen darf mit allerlei Unkraut wie Brennnesseln, damit kleine Tiere, Insekten, Schmetterlinge Nahrung und einen Brutplatz finden

- ein Beet für jedes Kind.

Der Kinder-Garten schont die Blumenbeete

Nicht alle diese Wünsche werden Sie erfüllen wollen oder können, die Liste soll Ihnen nur Anregungen geben. Bedenken Sie aber, wie viel die Kinder gewinnen, wenn Sie ihnen den Garten attraktiv machen – und das muss nicht einmal viel Aufwand oder viel Geld kosten. Die Kinder werden – wenn sie spüren, wie liebevoll man den Garten auch ihnen zur Verfügung stellt – Verständnis haben, wenn Sie sie bitten, auf Ihre Blumen Rücksicht zu nehmen, Ihre »Ecken« und Beete zu schonen und nicht auf Büsche und Bäume zu klettern, die das nicht vertragen. Seien Sie aber großzügig, wenn der Ball trotz größter Bemühungen und bester Absichten mal ins Blumenbeet rollt …

Mit Wasser zu spielen ist im Garten noch schöner als im Haus! Draußen kann man nach Herzenslust matschen. Denken Sie auch an alte Plastikröhren und -schläuche, um Wasserleitungen anzulegen.

So macht das Kinderbeet Spaß

Das Kinderbeet soll gute Erde haben, nicht zu viel Sonne und nicht zu viel Schatten, und es soll dem Kind wirklich gehören in dem Sinne, dass es selbst entscheidet, was es anpflanzen will, und allein verantwortlich ist für die Pflege. Sorgen Sie für einiges eigenes Werkzeug, und helfen Sie mit beim Einkauf von Samen und Pflanzen. Die Kinder möchten gern sehen, dass schnell etwas wächst; am schnellsten geht es mit Kressesamen. Nach wenigen Wochen schon können sie die Familie mit

Kresse fürs Butterbrot versorgen, später vielleicht mit Radieschen und noch später mit Tomaten. Die Kapuzinerkresse bringt rasch viele bunte Blüten hervor, Ringelblumen liefern immer wieder Blumen für einen Strauß, Sonnenblumen erstaunen durch ihre Größe und Schönheit.

Und wenn nichts wächst …

Wenn es nichts wird mit der Gärtnerei, wenn die Samen von Vögeln aufgepickt werden, die jungen Pflanzen den Schnecken zum Opfer fallen, die Blumen vertrocknen, weil sie nicht gegossen wurden? Nehmen Sie dem Kind diese Erfahrungen nicht ab, sondern teilen Sie seinen Kummer und erklären Sie, warum auch Vögel und Schnecken ein Recht auf Leben haben und die Blumen ein Recht auf Pflege. Ermutigen Sie das Kind, es im nächsten Jahr noch einmal zu versuchen, doch wenn Sie spüren, dass daraus mehr Last als Freude entsteht, fragen Sie, ob Sie selbst im nächsten Jahr das Beet wieder in Gebrauch nehmen können. Die Liebe zur Gärtnerei kann man nicht erzwingen!

Brauchen Sie Hilfe bei der Gartenarbeit?

Sie können um Hilfe bitten bei der Gartenarbeit – wenn zum Beispiel der Apfelbaum abgeerntet werden muss. Die kleinen Kinder werden begeistert mitmachen, bei den Großen müssen Sie sich – womöglich – etwas ausdenken, um die Arbeit attraktiv zu machen.

Vielleicht schaffen Sie es, daraus ein »Fest« zu machen, etwas Besonderes im Jahreslauf. Dann laden Sie das Enkelkind mit seinen Freunden ein, beginnen mit einer kleinen Bewirtung und machen sich dann gemeinsam an die Arbeit, ans Laubrechen, Umgraben, Abernten. Hinterher staunen Sie, wie viel Sie zusammen geschafft haben, und bewilligen noch ein besonderes Abendbrot.

So ein »Fest« kann das Rasenmähen nicht sein, man muss es zu oft tun. Wenn Sie dafür Hilfe brauchen, könnten Sie – in Absprache mit den Eltern – mit einem Beitrag zum Taschengeld locken. Aber vielleicht helfen die großen Enkel den Großeltern auch umsonst gerne.

Entdeckungen und Abenteuer im Garten

Picknick im Garten

Die Kinder werden gerne im Garten spielen, falls sie einen Kinder-Garten vorfinden, und zwischendurch werden sie immer wieder mal um ein »Picknick« bitten – etwas zu essen und etwas zu trinken. Geben Sie alles auf Plastikgeschirr nach draußen, damit nichts zu Bruch geht und Scherben hinterlässt – die Kinder sollen ja so viel wie möglich barfuß gehen können.

Eine Vogelscheuche aufstellen

Bedrohen die Vögel die Kirschenernte oder die frische Saat? Dann basteln Sie zusammen eine Vogelscheuche aus zwei Stangen, alten Kleidern und einem Kopf aus einem ausgestopften Tuch. Wichtig ist der Hut! Oder Sie lassen die Kinder »Silber«-Papierstreifen zurechtschneiden und hängen sie in den Baum.

Im Zelt übernachten

Laden Sie die Enkel ein, ihr Zelt in Ihrem Garten aufzustellen und dort die Nacht zu verbringen, auch mit Freunden. Sie müssen natürlich für eine angemessene Verpflegung sorgen und dürfen die Terrassentür nicht schließen, denn es muss mit einer nächtlichen Invasion geängstigter Kinder gerechnet werden. Höchstwahrscheinlich werden sie das Abenteuer jedoch genießen.

Geben Sie den Kindern eine gute Taschenlampe mit, besser eine für jedes Kind. Wenn sie in der ungewohnten Umgebung aufwachen, können sie mit den Taschenlampen das nächtliche Leben im Garten beobachten: Was läuft heimlich durchs Gras in Ihrem friedlichen Garten? Und wann fangen die Vögel an zu singen?

Heben Sie doch einmal zusammen mit den Kindern einen Trittstein hoch. Wie es darunter wimmelt! Oder bauen Sie zusammen eine »Kleintierfalle«: Sie graben eine Konservendose im Beet ein, legen kleine Steine um den Rand und decken ein Brettchen darüber, damit größere Tiere nicht hineinfallen. Sie werden staunen, was sich alles am nächsten Morgen in der Dose gefangen hat! Regenwürmer, Schnecken, Asseln, Käfer und so weiter. Wenn Sie sie richtig benennen wollen, brauchen Sie ein für Kinder geeignetes Buch darüber aus der Bücherei oder dem Buchladen.

Kleine Tiere unterm Stein beobachten

Es lohnt auch, das Wasser in der Regentonne zu untersuchen. Schon mit dem bloßen Auge sieht man die Mückenlarven, wie viel mehr noch unter einer Lupe oder gar dem Mikroskop!

Das Wasser in der Regentonne untersuchen

Mit Schnecken können Sie mehrere »Experimente« machen. Wenn Sie sie über eine Glasplatte kriechen lassen, können Sie sich von unten ansehen, wie sich der Schneckenfuß auf seiner Schleimschicht in einer fließenden Bewegung langsam darüber bewegt. Er ist so anpassungsfähig, dass er sich auch an spitzen Steinen und Scherben nicht verletzt. Sie können der Schnecke auch beim Fressen zuhören, deutlich hörbar raspelt sie sich die Nahrung mit ihrer scharfen Zunge zurecht. Wenn Sie ihr das Innere einer Bananenschale anbieten,

Schneckenexperimente

sehen sie hinterher, wenn die Schnecke satt ist, die Fressspuren.

Wie Sie sicher wissen, sind es nicht die Gehäuseschnecken, die den Salat fressen, sondern die Nacktschnecken ohne Schneckenhaus. Darf man sie vergiften? Nein, sie bilden die Nahrung von Vögeln, Igeln, Kröten, die dann auch das Gift aufnehmen. Übrigens gibt es einen Schneckenkönig – die Kinder können danach suchen, er ist begehrt bei Sammlern. Das Haus des Schneckenkönigs ist nicht, wie alle Schneckenhäuser, linksherum gedreht, sondern rechtsherum.

»Unkraut« essen

Sammeln Sie Wildsalat im eigenen Garten, essen Sie Löwenzahn und Gänseblümchen. Dafür eignen sich die Blätter und die noch festen Knospen, man kann auch blühende Vogelmiere mit hinzunehmen und die jungen Blätter von Giersch und rotem Klee. Probieren Sie's aus; auf jeden Fall vermindert man auf diese Weise das Unkraut. Erklären Sie dem Kind aber, dass es allein nichts aus dem Garten essen darf! Es gibt auch viele giftige Pflanzen.

Die Vögel beim Nestbau beobachten

Im zeitigen Frühling sind die Vögel auf der Suche nach Nistmaterial. Wenn Sie ihnen mit den Kindern zusammen ein »Depot« anlegen, ein Bündel von Gras, kleinen Zweigen, Moos und Haaren, und das in einen Baum hängen, können Sie beobachten, was die einzelnen Vögel bevorzugen und wohin sie es tragen. Ganz vorsichtig können die Kinder Ausschau halten nach den Nestern, an denen gebaut wird, vielleicht mit einem Fernglas.

Pflanzen Sie zusammen eine Eiche

Ein »eichenes Denkmal« für die Kinder und Sie: Dafür brauchen Sie gar keinen Garten, sondern nur ein paar Eicheln, einen Blumentopf und ein Einmachglas, das genau auf den Blumentopf passt – das ist Ihr Gewächshaus. (Zur Not tut es auch eine Plastiktüte, die Sie über den Topf stülpen und festbinden.) Legen Sie die Eicheln über Nacht in warmes Wasser, am nächsten Tag schälen Sie sie vorsichtig, pflanzen sie in den Blumentopf und bedecken sie mit einer kräftigen Schicht Blumenerde. Gießen Sie zweimal in der Woche, und bevor es Frühling wird, kommen schon die Eichenkeimlinge hervor. Dann brauchen sie kein »Gewächshaus« mehr, sondern können in den Garten oder auf den Balkon umziehen und im Herbst ausgepflanzt werden. Wenn Sie keinen Garten haben oder für Eichen darin auf Dauer kein Platz ist, suchen Sie mit den Kindern einen anderen Standort an einem Weg- oder Waldrand, wo Sie das Wachsen beobachten und bewachen können.

Spiel und Spaß im Freien

Schönes Wetter lockt Oma und Opa und Enkelkinder zum Spielen nach draußen. Verstecken Sie schon im Voraus etwas auf dem Balkon oder im Garten, etwas, das man hören kann, wenn man ganz leise ist: Ihren Küchenwecker. Ehe er klingelt, lässt er ein leises Ticken hören, das die Kinder dorthin führen kann, wo Sie den Wecker und vielleicht noch eine kleine Überraschung versteckt haben. Sie kann aus einem Säckchen mit Murmeln bestehen; es gibt sie ja noch, die schönen Glaskugeln, mit denen wir als Kinder so gern gespielt haben.

Lockvogel: Küchenwecker

Dieses alte Spiel gerät in Vergessenheit, weil es kaum noch unbefestigte, unbegrünte freie Flächen zwischen den Häusern gibt. Wenn Sie eine solche Fläche entdeckt haben, wo die Erde fest und eben ist und sich mit dem Absatz ein flaches Loch machen lässt, kann das Spiel beginnen: Einige Schritte vom Loch entfernt ziehen Sie eine Linie, von der aus die Spieler zunächst drei Murmeln werfen und dabei versuchen, das Loch zu treffen. Die Murmeln, die ins Loch fallen, nimmt man wieder an sich.

Macht immer wieder Spaß: Spiele mit Murmeln

Danach geht es darum, durch Schnippen mit dem Zeigefinger die liegen gebliebenen Murmeln ins Loch zu befördern. Jede Kugel darf nur einmal angeschnippt werden. Solange es gelingt, Kugeln ins Loch zu schicken, darf man weiterspielen und die Kugeln an sich nehmen, sonst ist der nächste Spieler dran. Zum Schluss der Runde haben mehrere Kugeln die Besitzer gewechselt, die man in der nächsten Runde vielleicht wieder gewinnt.

Die Kinder können die Murmeln auch gut im Sandkasten gebrauchen. Sie bauen sich Rampen aus Brettchen oder eine Kugelbahn aus alten Papprollen und lassen die Kugeln dort hinabrollen.

Eine kleine weiße Kugel – oder irgendeine andere – ist die Setzkugel, der »Lecco«, die man von einer Abwurflinie aus ins »Feld« wirft. Die Mitspieler versuchen, ihre Kugel oder ihre Kugeln so nahe wie möglich an den Lecco heranzuwerfen. Sieger ist in jeder Runde, wessen Kugel ihm am nächsten liegt.

Beim »richtigen« Boccia spielen zwei Parteien gegeneinander, dazu braucht man ein Bocciaspiel mit größeren Kugeln in zwei Farben. Wenn Sie einen Garten haben, lohnt es, ein Boccia- oder auch ein Krocketspiel anzuschaffen, denn beide sind eine ideale Sonntagnachmittagsbeschäftigung für Kinder und Erwachsene und führen die ganze Familie zusammen.

Wenn Sie kleine Geschenke auf andere Weise verstecken wollen als mithilfe des Küchenweckers, überziehen Sie den Garten, Hof oder Balkon mit einem »Spinnennetz«. Sie befestigen die Geschenke an einer langen Schnur für jedes Kind und ziehen die Schnüre kreuz und quer, binden an das Ende jeder Schnur ein Pappbrettchen und sagen den Kindern, sie sollen die Schnüre aufwickeln und sehen, was da hervorkommt.

Vielleicht überraschen Sie die Enkelkinder einmal mit einer Ansammlung von großen Kartons, aus denen sie etwas bauen können – ein Flugzeug oder einen Bus oder ein Fantasieobjekt. Zum Bauen brauchen sie breites Paketklebeband und eine Schere und viel Farbe, wenn das Gebilde zum Schluss angemalt werden darf.

Bauen mit Kartons

Ein anderes Mal laden Sie die Kinder ein, ein paar Puppen oder Kuscheltiere mitzubringen, und stellen draußen alles bereit, woraus man eine Bude bauen kann: Stühle und Hocker, einen kleinen Tisch, Decken, alte Tücher, Betttücher oder Gardinen, Wäscheklammern zum Befestigen. Später servieren Sie den Bauleuten eine Mahlzeit in dem neuen Häuschen oder der Höhle.

Häuschen bauen

Mit Wäscheklammern können die Kinder auf besondere Weise Fangen spielen: Befestigen Sie an jedem Kind eine Hand voll Klammern, dass sie abstehen wie Federn. Die sollen sie einander abjagen, und wer nach zehn Minuten die meisten »Federn« erobert hat, wird Oberhahn oder Oberhenne.

Federn jagen

Wenn wenigstens zwei Enkelkinder gekommen sind und Sie einen Ball haben, spielen Sie zusammen »Neckball« oder »Abbacken«. Beim Neckball steht eine Person in der Mitte und versucht, den Ball zu fangen, den sich die anderen zuwerfen, doch tun sie's mit Necken, als würfen sie den Ball rechtsherum oder sehr hoch, während sie ihn in Wirklichkeit linksherum oder ganz flach spielen, sodass es die Person in der Mitte nicht leicht hat, den Ball zu erwischen. Hat sie ihn, tritt sie an die Stelle des letzten Werfers, der nun in die Mitte geht. – Beim Abbacken versuchen die anderen, die Person in der Mitte zu treffen, die dann mit dem letzten Werfer den Platz tauscht.

Ball- und andere Spiele

Kleinere Bälle, Tennisbälle etwa, können die Kinder von einer Linie aus in einen Eimer zu werfen versu-

Zielwerfen

chen. Wenn das gut klappt, stellt sich eins der Kinder hinter den Eimer und versucht, die Bälle mit einem Tischtennis- oder Federballschläger abzuwehren.

Sonnenstrahlen fangen

Ganz geräuschlos ist das Spiel mit Sonnenstrahlen, zu dem jedes Kind einen Taschenspiegel bekommt und Sie auch. Stellen Sie sich so vor eine Hauswand, dass die Spiegel Sonnenflecken darauf werfen, und lassen Sie diese sich jagen, verstecken und miteinander spielen.

Wettrennen »unter erschwerten Bedingungen«

Beim nächsten Besuch laden Sie zum Wettrennen ein, aber unter erschwerten Bedingungen. Stecken Sie eine »Rennstrecke« mit einer Start- und einer Ziellinie ab; wenn Ihr Gelände klein ist, kann sie auch um einen Stuhl herum und zur Ziellinie zurückführen. Die ersten Rennen erfordern keine Hilfsmittel, zum Beispiel Häschenhüpfen, Auf-einem-Bein-Hüpfen, Rückwärtslaufen, Kriechen oder Schubkarrefahren (für eine Schubkarre braucht es zwei Kinder, eines läuft auf Händen, das andere nimmt dessen Beine hoch wie die Griffe einer Schubkarre).

Es wird schwieriger …

Hilfsmittel brauchen Sie, wenn die Strecke mit verbundenen Augen durchlaufen werden soll oder wenn etwas

einzusammeln ist, Murmeln zum Beispiel, oder wenn Sie ein Deckelrennen veranstalten. Dafür geben Sie jedem Kind zwei Deckel, Schuhkartondeckel etwa, und erklären die Rennstrecke für so sumpfig, dass man sich nur über diese Unterlagen vorwärts bewegen kann: Bei jedem Schritt müssen die Teilnehmer auf einen Deckel treten und den anderen für den nächsten Schritt zurechtlegen. Für einen Hindernislauf lassen Sie Handschuhe anziehen, mit denen man sich eine Jacke überziehen muss, lassen einen Tischtennisball oder eine Kartoffel auf einem Löffel transportieren und kombinieren das bei Bedarf noch mit anderen Aufgaben.

Für eine Turnstrecke spannen Sie Seile, über die man klettern oder unter denen man durchkriechen soll. Sie richten einen Kriechtunnel ein, für den Sie eine Bank mit einem Tuch verhängen, einen Schwebebalken, für den Sie ein Brett über zwei Getränkekisten legen, und nehmen von den oben vorgeschlagenen Aufgaben die eine oder andere dazu. Eine alte Matratze als Trampolin wird die Begeisterung der Turner und Turnerinnen noch erhöhen.

Mehr Vorbereitung erfordert eine Turnstrecke

Auch einen Minigolfkurs können Sie einrichten, durch den die Spieler in einer von Ihnen gestoppten Zeit einen kleinen Ball mit dem Fuß zu dirigieren haben. Sie stellen Kartons, Dosen und dergleichen Hindernisse für eine Slalomstrecke auf, möglichst auch eine Röhre, zum Beispiel eine Papprohre, wie man sie für das Verschicken von Bildern benutzt, die Sie mit zwei in die Erde geschlagenen Hölzern befestigen. Als Tunnel eignet sich auch eine große runde Blechdose, von der Deckel und Unterseite entfernt wurden (aber Vorsicht: Die Kanten können sehr scharf sein!). Legen Sie dann noch ein Brett als Rampe zurecht, über die der Ball befördert werden muss, dann ist der Golfkurs recht vielfältig.

Wie wär's mit einer Runde Minigolf im eigenen Garten?

Weniger Mühe macht es, einen »Fluss« abzustecken, über den die Kinder springen sollen. Sie brauchen eine Schnur oder ein Seil, die Sie auf dem Rasen V-förmig ausspannen, also so, dass der »Fluss« an einem Punkt beginnt und immer breiter wird. Wer kann noch über das breite Ende springen?

Und wer kann fix hochspringen, wenn ein Bohnensäckchen angeflogen kommt? Ganz gleich, was Sie in das Säckchen tun (auch kleine Kieselsteine eignen sich gut), Sie befestigen es an einer Schnur und lassen es knapp über der Erde um sich kreisen. Die Kinder stehen im Kreis und springen über das Seil, ohne es zu berühren. Spielen Sie dieses Spiel nicht, wenn Ihnen leicht schwindelig wird!

Wenn Ihnen ein befestigter Hof oder der Gehweg zur Verfügung steht, wo es am Sonntagnachmittag still ist, können Sie den Kindern ein Kästchen bunte Straßenkreide kaufen und sie dort malen lassen. Die Malerei übersteht auch einen kleinen Regen, kann aber mit einem harten Besen oder mit Wasser und Schrubber leicht wieder entfernt werden. Wo gepflastert ist, kann man die einzelnen Steine zu einem Muster bemalen. Und natürlich können die Kinder dort die verschiedenen »Hinke«- oder »Hüpfekästchen« aufmalen.

Wettspiele mit dem Fahrrad

Der befestigte Hof ist die ideale Fläche für Geschicklichkeitsspiele mit dem Fahrrad. Dass Sie damit auch die Verkehrssicherheit der Kinder erhöhen, ist ein willkommener Gewinn. Hier geht es also nicht um Schnelligkeit, sondern um die beste Beherrschung der zwei Räder. Den Fahrradhelm sollten die Kinder auch hierbei tragen, damit sie sich daran gewöhnen, nie ohne Helm aufs Fahrrad zu steigen!

• Für ein Schneckenrennen legen Sie die Rennstrecke fest und stellen als Aufgabe, sie so langsam wie möglich zu durchfahren, ohne mit einem Fuß den Boden zu berühren. Gewonnen hat, wer zuletzt auf der Ziellinie eintrifft. Zwei Kinder können das »Rennen« untereinander ausmachen; wenn Sie mehr Teilnehmer haben, stoppen Sie die Zeit oder lassen die jeweiligen Sieger wieder gegeneinander antreten.

• Mit farbiger Kreide kann man einen großen Kreis aufmalen, von dem die Radler nicht abkommen dürfen.

• Die Hindernisse des obigen Minigolfkurses (siehe Seite 187) können auch für eine schwierige Fahrradstrecke umgebaut werden. Oder Sie denken sich aus, es handele sich um eine Fahrt über schwieriges Gelände, und stellen eine Bank in den Weg, über die das Fahr-

rad hinübergetragen werden muss, eine Wanne mit Wasser zum Hindurchsteigen und so weiter.

- Größere Kinder können mit der farbigen Kreide auch einen ganzen Verkehrskindergarten auf Ihren Hof zeichnen, wie er den Schulen zum Vorbereiten der Fahrradprüfung dient. Er enthält Straßen mit Kreuzungen, die verschiedenen Verkehrsschilder, einen Eisenbahnübergang und so weiter.

Eine Rallye für Fahrradfahrer und Fußgänger

Ganz anders sind die Anforderungen bei einer Fahrradrallye für große, verkehrstüchtige Kinder. Sie führt aus Ihrem Hof hinaus und durch das ganze Viertel. Überall sind Aufgaben zu lösen, zum Beispiel:

- Wie viele Briefkästen gibt es in unserem Haus/unserer Straße, wann werden sie geleert?

- Wie heißt die erste Querstraße rechts, und was kann der Name wohl bedeuten, beziehungsweise was hat die Person getan, deren Namen sie trägt?

- Welches ist das höchste Gebäude, welches das älteste?

- Wie viele Kirchen gibt es, wann ist dort Gottesdienst?

- Wenn wir an diesem Wochenende ein Medikament brauchen, wo können wir es kaufen?

- Wie viele Kilometer sind es von hier nach …?

- Welche Bäume stehen an der Allee?

Wählen Sie für die Rallye eine verkehrsruhige Zeit, wie den Samstagnachmittag oder den Sonntagvormittag, oder schicken Sie die Kinder zu Fuß auf den Weg. Die Mitspieler müssen zu einer festgelegten Zeit zurück sein, und Sie können sich unterdessen ein Bewertungssystem für die einzelnen Fragen ausdenken. Die Rallye eignet sich auch für Enkelkinder, die aus einem anderen Ort zu Ihnen zu Besuch gekommen sind, und kann sie mit Ihrem Ort vertraut machen. Schicken Sie sie zu Fuß mit einem Stadtplan auf den Weg.

SPIELE FÜR UNTERWEGS

Wenn die Fahrt lang wird, muss man rechtzeitig der Langeweile vorbeugen, aus der sich sonst schnell Unlust und Quengeleien entwickeln. Man kann es auch positiv sehen: Im Auto und erst recht in der Eisenbahn hat man Zeit und Gelegenheit, sich auf die Kinder einzustellen, mit ihnen zu reden und ihren Verstand zu schärfen, und so sind viele auch Lernspiele. Viele Autospiele sind auch Eisenbahnspiele, doch gemeinsam Kassetten anhören, das kann man, außer zu Hause, nur im Auto. Hier können Sie die Kassetten kennen lernen, die Ihre Enkelkinder lieben, seien es Märchen- oder Musikkassetten. Steuern Sie selbst ein oder zwei neue bei.

Ohne Spiele werden lange Fahrten für Kinder zur Qual

Spiele für die Autofahrt

• »Ich sehe was, was du nicht siehst, und das ist gelb.« An das altbekannte Spiel erinnern Sie sich gewiss, bei dem es gilt, den gedachten gelben Gegenstand zu erraten. Schon kleine Kinder können mitmachen.

Ich sehe, zähle, denk mir was …

• »Ich denk mir was mit A, das ist ein Tier« ist ein Spiel für Leseanfänger, die sich vorstellen müssen, dass »Affe« mit A anfängt. Sie dürfen sich nun auch was denken, möglichst dem Alphabet entlang, also jetzt etwas, das mit B beginnt, einen Bären vielleicht.

• Schwieriger wird es, wenn Sie sagen: »Ich sehe was, was du nicht siehst, und das beginnt mit A«, denn es sind viele Gegenstände, die man beim Autofahren sieht. Bei A könnte es sich um einen Anhalter handeln, aber auch um einen Alfa Romeo, und wer sieht etwas, das mit B beginnt? Einen Bach? Eine Burg?

• Oder fördern Sie das Zahlenverständnis: »Ich zähle was, und das sind sechs«, weil es dazu anregt, die Zahlen zu »sehen«, also wahrzunehmen, dass das Auto sechs Fenster hat. Wie viele Türen hat es, wie viele Insassen?

Wörter-Schlange, Städte-Kette

Zusammengesetzte Hauptwörter werden so aneinander gereiht, dass die zweite Hälfte eines Wortes die erste Hälfte des folgenden bildet, zum Beispiel: Giftpilz – Pilzsoße – Soßenlöffel.

Man kann auch den letzten Buchstaben des vorhergehenden Wortes zum ersten des folgenden machen. Wenn

es sich also um Ortsnamen handeln soll, könnte eine Kette entstehen wie: Halle – Emden – Nienburg – Göttingen – Nizza.

Kofferpacken

Dieses Spiel kann man in vielen Varianten spielen, immer geht es darum, eine lange Kette von Wörtern zu bilden, und zwar so lange, bis man den Anfang nicht mehr recht zusammenbekommt. Einer sagt: »Ich packe meinen Koffer und tue meine Zahnbürste hinein.« Das Enkelkind hängt ein neues Wort an: »Ich packe meinen Koffer und tue meine Zahnbürste und meinen Kamm hinein.« Dann vielleicht: »Ich packe meinen Koffer und tue meine Zahnbürste, meinen Kamm, die Hausschuhe hinein« und so weiter. Es scheidet aus, wer einen Gegenstand vergessen hat. Dasselbe kann man auch mit Einkäufen spielen: »Ich gehe zum Markt und kaufe Eier.« »Ich gehe zum Markt und kaufe Eier und Brot.« Und so weiter.

Reim dich, oder ich fress dich!

Erst denken Sie sich Reimpaare aus, wie Tisch und Fisch, Maus und Haus, halt und kalt, und dann machen Sie daraus um die Wette kleine Verse: »Auf dem runden Tisch – liegt der frische Fisch«.

Wer kann's nachsprechen?

• »Fischers Fritze fischt frische Fische.« – Wer spricht es am schnellsten nach?

• »Wir Wiener Wäscheweiber würden weiße Wäsche waschen, wenn wir wüssten, wo weiches warmes Wasser wär.« – Wer kann's wiederholen, wer kann einen anderen Satz bilden, dessen Wörter alle mit dem gleichen Buchstaben beginnen?

• »Wenn hinter Fliegen Fliegen fliegen, fliegen Fliegen Fliegen nach.«

• »Selten ess ich Essig; ess ich Essig, ess ich Essig im Salat.« – Wer versteht's? Wer kann's nachsprechen?

Autokennzeichen-Spiele

Was kann HB
heißen?

Die Autokennzeichen reizen dazu, mit ihnen herumzuspielen. Bei solchen Blödeleien machen die Kinder begeistert mit, sobald sie lesen können. Also was kann HB heißen? Hallo Brigitte! HochBetrieb! Oder versteckt sich ein Name im Kennzeichen, in HK zum Beispiel Helmut Kohl? Noch schöner geht es mit Kennzeichen aus drei Buchstaben, wie HSK – heißt es nicht vielleicht: Heinz soll kommen? oder: Hier Suppe kochen?

Was weißt du
über HB, Hanse-
stadt Bremen?

Für die Älteren gibt es andere Aufgaben. Mit ihnen versuchen Sie, die Autokennzeichen zu entschlüsseln, und erzählen sich gegenseitig, was Sie über den Ort denken oder wissen. Ein Kind kann in einem Taschenkalender nachsehen, ob richtig geraten wurde, Sie aber können von der Hansestadt Bremen erzählen, von großen Schiffen zum Beispiel oder den Bremer Stadtmusikanten.

Verbannt auf
die Insel

Noch ein Auto(bahn)-Spiel für die Größeren: Wir stellen uns vor, wie Napoleon auf eine einsame Insel verbannt zu werden. Essen und Trinken, Kleidung und Unterkunft wird man uns geben, aber wir dürfen nur sieben Gegenstände mitbringen. Wie entscheidet sich jeder, und warum?

Spiele für die Bahnfahrt

Wem kann
es in der Eisen-
bahn langweilig
werden?

Auf der Bahnfahrt haben Sie viel mehr Möglichkeiten, sich mit den Kindern zu beschäftigen als im Auto. Außer den Auto-Spielen können Sie alle die oben aufgeführten Sprachspiele (siehe Seite 191), die Rechenspiele (siehe Seite 236), die Schreibspiele (siehe Seite 233) und Karten- und Würfelspiele machen.

Im Spielzeugladen gibt es Reisespiele, zum Beispiel Steck- oder Magnetspiele, mit denen man Halma,

Schach und so weiter spielen kann, ohne dass die Spiel-
steine verrutschen, es gibt auch Quartett- und Schwar-
ze-Peter-Spiele für die Fahrt und das unerschöpfliche
UNO!

Vor allem haben Sie Zeit zum Vorlesen! Nehmen Sie
also ein oder zwei Vorlesebücher mit und vielleicht
noch ein Heftchen mit Rätseln oder Witzen. Und dann
die Landkarte! In aller Ruhe können Sie die wechseln-
den Landschaften betrachten. Wenn Sie eine Karte
1:200 000 (Generalkarte) benutzen, finden Sie viele Se-
henswürdigkeiten eingetragen: Denkmäler und Burgen, Dörfer und Städte, Flüsse und Kanäle, Häfen und
Schleusen, Berge und Seen. Wer in Fahrtrichtung sitzt,
entdeckt sie früher als die Person, die nach hinten
blickt. Lassen Sie also Ihrem Enkelkind den Blick nach
vorn und die Freude, als Erstes eine Sehenswürdigkeit
zu entdecken, oder spielen Sie, wenn Sie mit mehreren
Kindern reisen, das Spiel »Wer ist am schnellsten im
Entdecken?«.

Packen Sie eine
Landkarte ein

Spiele für den Fußweg

Erzählen Sie Märchen, und lassen Sie sich von den Kindern deren Geschichten erzählen. Zwischendurch hei-
tern Sie die Gruppe zum Beispiel so auf:

Wenn der Weg
lang wird …

»Sieben schreckliche Räuber
zogen durch den WALD!
Hi ha hahaha, hi ha hahaha!
Sieben schreckliche Räuber …« und so weiter.

Die »Räuber« gehen mit großen Schritten vorwärts
und bleiben beim Wort »WALD« stockstill stehen,
ehe sie im Gleichschritt auf »Hi ha hahaha« weiter-
marschieren.

• Danach können die »Räuber« abwechselnd eine Weile lang einen Stein mit den Füßen vor sich hertreiben, aber so, dass er immer auf dem Weg bleibt und nicht etwa im Gras verschwindet.

• Wenn jedes Kind einen Stock gefunden hat, binden Sie »Fahnen« daran mit der Schnur, die Sie im Tagesrucksack dabeihaben. Jede Tüte, jedes Taschentuch muss eine Weile als Fahne dienen, bis Ihnen ein neuer Vers eingefallen ist, der das Marschtempo durcheinander bringt:

»Und eins, und zwei, und drei, und vier,
ein Hut – ein Stock – ein Schirm –
der Mensch, der kann sich irr'n.«

Alle Schritte werden langsam gesetzt, bei »ein Stock« ist es ein Rückwärtsschritt, in der letzten Zeile geht's dann wieder in normalem Tempo weiter.

• Wenn Sie der Sonne entgegengehen, können Sie im Schatten Ihrer Vorläufer wandern und einander auf die Köpfe treten.

• Wenn die Sonne nicht von vorn scheint oder gar nicht, lassen Sie's ganz dunkel werden: Machen Sie die Augen zu, und lassen Sie sich von einem Kind führen. Geben Sie vorher ein Ziel an (»Bis zur Haltestelle dort hinten«), damit diese Mut- und Vertrauensprobe nicht zu lange dauert. Dann ist Ihr Führer oder Ihre Führerin dran, sich führen zu lassen.

WAS MACHEN WIR DRINNEN?

Sie freuen sich und überlegen, wie Sie die Zeit zusammen verbringen wollen. Sicher gibt es eine kleine gemeinsame Mahlzeit, wobei die kleinen Kinder sich über die immer gleiche, besondere Bewirtung freuen, während die größeren sich lieber mit etwas Neuem überraschen lassen. Das Wichtigste ist, dass Sie etwas auftischen, was es zu Hause nicht gibt – was Sie aber mit den Eltern abgeklärt haben, wie:

Eine Mahlzeit
oder Getränke,
die es zu
Hause nie gibt

• Kakao, den die Mutter nicht kocht

• Milchmixgetränke, die Ihre Spezialität sind

• Saft, der für Familien mit mehreren Kindern im Alltag zu teuer ist

• für jedes Kind ein Eis aus der Tiefkühltruhe

• besonders beliebte Kekse

• kleine selbst gebackene Törtchen, mit den Namen der Kinder verziert

• selbst gebackene Waffeln

• den saftigen Obstkuchen, den nur die Oma bäckt

• selbst gemachtes Popcorn.

Eine volle Obstschüssel, aus der man sich nach Herzenslust bedienen kann, steht immer bereit.

Viele Kinder ziehen eine salzige Zwischenmahlzeit vor, zum Beispiel saure Gurken, Radieschen, Würstchen und Kartoffelsalat.

Schon die dreijährigen Kinder wissen es zu würdigen, wenn Sie den Tisch liebevoll decken und dekorieren, mit ein paar Blättern und Blüten aus dem Garten, mit einer Kerze oder witzigen kleinen Figuren oder einem Luftballon an jedem Platz, der später aufgeblasen wird. Sie merken, dass Sie sich um ihretwillen Mühe gegeben haben und wie willkommen sie sind, auch wenn es nicht gleich wie für eine Kinderparty aussieht.

KISTEN VOLLER SPIEL- UND BASTELMATERIAL

Schon beim Eintreten suchen die Kinder nach etwas Vertrautem, mit dem sie beim letzten Besuch gespielt haben. Halten Sie eine oder mehrere Kisten bereit (Kartons tun es ebenso gut), in denen die Kinder »ihren Kram« wieder finden.

Sammeln Sie alles, was die Kinder einmal gebrauchen könnten

Da hinein gehören Farbstifte, pro Kind eine Bastelschere, lösungsmittelfreier Klebstoff als Flasche, Tube oder Stift und Papier. Loses Papier in rauen Mengen ist besser als teure Malblöcke, dazu die Rückseiten von Kalenderblättern und überhaupt alles, worauf man malen kann. Ergänzen können Sie den Kisteninhalt mit Klebeband, einem alten Locher, einem Heftapparat.

Die Mal- und Bastelkiste

Zur Mal- und Bastelkiste gehört auch, womit Sie die Küche und die Kinder vor Klebstoff- und Farbresten schützen: Wachstuch für den Tisch, Malkittel aus alten

Blusen oder Oberhemden. Man zieht sie den Kindern mit den Knöpfen nach hinten an und schneidet die Ärmel kürzer.

Schließlich gehört dazu auch das Zutrauen, dass die Kinder mit dieser Kiste etwas anzufangen wissen, dass sie kreative Prozesse in Gang setzen werden und dass die Ergebnisse für die kleinen Produzenten sinnvoll oder Ausdruck ihrer Fantasie sind. Fragen Sie die Kinder, was sie da gemalt haben, lassen Sie es sich erzählen – kleine Kinder sehen in ihren Werken oft viel mehr, als das Erwachsenen möglich ist.

Die Spielzeug-kiste
Im Laufe der Zeit kommt einiges an Spielzeug bei Ihnen zusammen, wie Bauklötze, Autos, Püppchen, Bälle, Puzzles, Spiele und die Kinderbücher, vielleicht auch ein Konstruktionssystem, das Sie nach und nach ergänzen. Vieles können Sie auf dem Flohmarkt finden oder über Kleinanzeigen, anderes, was in der Wohnung der Kinder ungenutzt in der Ecke liegt, von dort mitbringen, damit es bei Ihnen zu neuem Ansehen kommt.

Die Verkleide- und Theaterkiste
Die Verkleide- oder Theaterkiste holen Sie nur gelegentlich hervor. In ihr finden sich abgelegte Kleider, Röcke, Blusen, Hosen, Pyjamas, Unterröcke, Stoffreste, Schuhe, Strümpfe, Hüte, Perücken, Mützen, Schals, Handschuhe, Sonnenbrillen, Haarspangen, Handtaschen, Bett- und Tischtücher, Gardinen, Stores, Tücher, Ketten, Gürtel, dazu Lippenstifte, Bärte, vielleicht auch Faschingsschminke und: ein Spiegel.

Die Kramkiste
Wenn Sie genügend Platz haben, sollten Sie auch noch eine Kramkiste anlegen mit allem, was vielleicht einmal interessant für das Kind sein könnte: kleine Schachteln, Kartons, Streichholzschachteln und Pappen, die man fantasievoll zusammenkleben und bemalen kann; Obstnetze aus Nylon- oder anderem Garn;

Papiertüten für Hüte, Mützen und Masken; alle Arten von Papprollen, leere Film- und Medikamentendöschen; Schuhkartons zum Ordnen oder Umfunktionieren in eine Garage und so weiter; Kunststoffflaschen zum Spielen in der Badewanne; Federn, Stoffreste, Wollreste, Lederreste, Korken.

Achtung: Legen Sie niemals Plastiktüten dazu, Kinder können darin ersticken!

Und wohinein kommen die Beutestücke von Ihren Streifzügen durch die Natur? Vielleicht in eine Naturkiste?

Die Naturkiste

Wohinein kommt alles, was Kinder zum Staunen bringt: merkwürdige Reiseandenken, ausgefallene Postkarten, ungebräuchliche Haushaltsstücke, eine alte Taschenuhr, die Brille Ihrer Mutter – vielleicht richten Sie dafür eine Museumskiste oder -schublade ein? Wenn Sie erst einmal angefangen haben, Ihre Umgebung gelegentlich mit dem staunenden Kinderblick wahrzunehmen, wird Ihnen allerlei auffallen, was Sie für Ihre Museumskiste gebrauchen können.

Die Museumskiste

Zum Beispiel:

• Kataloge von Reisebüros oder Versandhäusern

• Illustrierte (falls nötig, entfernen Sie vorher alle Bilder, die Krieg, Gewalt und Tod zeigen)

• Prospekte, Reklameschriften, Kalenderblätter, buntes Geschenkpapier.

Die Ideen-Mappe

Suchen Sie auch in Zeitungen und Zeitschriften nach Ideen für die Zeit mit den Enkelkindern. So ausgerüstet, werden Sie immer etwas zur Hand haben, was die Kinder überrascht und ihre Neugier, ihren Gestaltungsdrang und Spieltrieb herausfordert. Sie sollten aber auch Ideen sammeln und in einer Ideen-Mappe horten. Lesen Sie in Zeitungen und Zeitschriften, was an Spielen und Basteleien dort vorgeschlagen wird, und legen Sie diese Artikel in Ihrer Ideen-Mappe ab, aber prüfen Sie vorher, ob es sich um Anregungen handelt, die Sie wirklich gern einmal ausprobieren würden. Manches ist zu aufwändig, als dass man sich als Oma darauf einlassen möchte!

Wenn Sie jede Kinder- und Jugendseite aufheben, ohne sie durchzulesen, haben Sie bald einen Wust von papierenen Vorschlägen, die Sie kein bisschen inspirieren werden. Schauen Sie also, was sich fantasievolle Kinderbetreuer und -betreuerinnen ausgedacht haben – manches ist ziemlich unpraktisch und kann von Laien, wie wir sie sind, nicht verwirklicht werden, anderes ist neu und anregend. Schreiben Sie gleich dick an den Rand, für welches Alter die Idee wohl geeignet ist, und wenn Sie besonders sorgfältig sind, legen Sie auch das Material dazu, soweit es nicht sowieso immer zur Hand ist.

Auf den Kinderseiten stehen oft auch Witze und Rätsel, mit denen Sie die Schulkinder unterhalten können – sie lieben so etwas!

Gemeinsam lachen

Die Kinder sind vielleicht mit ihrem eigenen Spielzeug zu Besuch gekommen, während Sie sich für diesen Nachmittag etwas anderes vorgenommen hatten? Sehen Sie darin eine Einladung zum Mitspielen – vielleicht nehmen sich die Eltern nicht Zeit dafür, vielleicht ist zu Hause keine Ruhe für dieses Spiel, vielleicht ist das Kind stolz auf sein Spielzeug und will es Ihnen zeigen?

Bleiben Sie flexibel

Ganz gleich, ob die Kinder sich erst mal auf Ihre Spielkiste gestürzt haben oder ob sie mit ihrem eigenen Spielzeug zu spielen beginnen – irgendwann stellen sie die Frage: »Und was soll ich jetzt machen?«

SPIEL UND SPASS MIT BABYS

Fingerspiele

Die meisten Spiele mit dem Baby finden auf dem Fußboden statt. Man rollt ihm einen Ball zu, baut mit ihm einen Turm, zieht die Wackelente vor ihm her, doch alles das belastet unsere Knie. Zum Glück gibt es die Fingerspiele, bei denen wir das Baby auf dem Schoß halten können. Hier ein paar Vorschläge:

Zum Glück gibt es Fingerspiele

• Wir laufen mit unseren Fingern auf seinem Ärmchen hinauf und sagen dazu:

»Da kommt die Maus, da kommt die Maus:
Klingelingeling, ist der Herr/die Frau (Name) zu Haus?«

Dabei sind die Finger bis zum Ohr gelangt und zupfen daran.

● Die Hand der Oma läuft den Arm hinauf, will sich in der Halsgrube verstecken und kitzeln:

»Da kommt 'ne Laus,
die baut sich ein Haus,
da kommt 'ne Mücke,
die baut sich 'ne Brücke,
da kommt ein kleiner Floh,
der macht – so!«

● Bei dem Folgenden stippt man die Teile des Gesichts an:

»Kinne Wippchen
Rot Lippchen
Nuppelnäsichen
Augenbrämichen
Zupp zupp Härichen.«

● Oder man patscht ins Händchen und kitzelt dann darin:

»Da hast 'nen Taler,
geh auf den Markt,
kauf dir 'ne Kuh,
Kälbchen dazu,
das Kälbchen hat ein Schwänzchen,
macht didel didel dänzchen.«

● Zu den folgenden Versen stippt man jedes Fingerchen an:

»**Das** ist der Daumen,
der schüttelt die Pflaumen,
der hebt sie auf,
der trägt sie nach Haus,
und **der** kleine Schelm isst sie alle auf.«

oder:

»**Der** ist ins Wasser gefallen,
der hat ihn rausgezogen,
der hat ihn ins Bett gelegt,
der hat ihn zugedeckt,
und **der** kleine Schelm hat ihn wieder aufgeweckt.«

• Helfen Sie dem Baby, seine Händchen zusammenzu-
patschen, und sagen Sie dazu:

»Backe, backe Kuchen,
der Bäcker hat gerufen,
hat gerufen die ganze Nacht,
Gretchen hat kein Teig gebracht,
kriegt auch keinen Kuchen,
backe, backe Kuchen.«

• Wer die Ellenbogen aufstützen oder pusten kann, ist
kein Baby mehr, testen Sie's mit diesem Fingerspiel:
Beide Ellenbogen aufgestützt und die Hände gegeneinander geneigt, das ist ein Haus, das einfällt, wenn
das Kind ordentlich pustet:

»Mein Häuschen ist nicht ganz grade –
das ist ja schade!
Mein Häuschen ist ein bisschen krumm –
das ist aber dumm!
Bläst der böse Wind hin, (huu!)
fällt das ganze Häuschen ein.«

Mit dem Baby, das schon sitzen kann, spielen Sie das
aufregende Kniereiten:

Sobald das Baby
sitzen kann ...

• Mal ändern Sie das Tempo, mal lassen Sie zum
Schluss den Reiter zwischen den Knien nach unten
durchrutschen, mal nach hinten überkippen, und sagen
dazu:

205

»So reiten die Herren, so reiten die Herren.
So fahren die Damen, so fahren die Damen.
So rumpelt der Bauer, so rumpelt der Bauer,
und plumps! da liegt er unten.«

• Oder diesen Vers:

»Hoppe, hoppe Reiter,
wenn er fällt, dann schreit er.
Fällt er in den Graben,
fressen ihn die Raben,
fällt er in den Sumpf,
macht der Reiter plumps!«

Singen Sie dem Kind Wiegenlieder vor

Das Kind freut sich, wenn Sie ihm etwas vorsingen, auch beim Wickeln und erst recht vor dem Einschlafen. Zur Erinnerung hier ein paar Texte:

»Schlaf, Kindchen, schlaf!
Der Vater hüt' die Schaf,
die Mutter schüttelt's Bäumelein,
da fällt herab ein Träumelein.
Schlaf, Kindchen, schlaf!«

oder:

»Eia wiwi!
Wer schläft heut Nacht bei mir?
Soll's die kleine … (Name) sein,
so muss sie auch recht artig sein.
Eia wiwi!«

Vielleicht kennen Sie noch Wiegenlieder wie »Wer hat die schönsten Schäfchen?« oder »Weißt du, wie viel Sternlein stehen?«. Oder Sie entsinnen sich nur noch an »Hänschen klein«? Dem Baby ist es gleich, es verlangt auch nicht nach Abwechslung, sondern ist zufrieden, wenn Sie ihm jeden Abend das gleiche Lied vorsingen.

206

SPIEL UND SPASS MIT KLEINEN KINDERN

Fingerspiele

• Sie bauen gemeinsam mit den Fäusten einen Turm, der freilich nicht lange hält, und sagen dazu:

»In Leipzig wird ein Turm gebaut
von Buttermilch und Sauerkraut.
Der Turm, der kriegt 'ne Ritze,
da kommt ein fetter Fritze.
Und endlich wird es gar zu arg,
da fällt der ganze Turm in 'n Quark.«

• Der Inhalt des Leipziger Turms bleibt uns verborgen, deshalb bauen Sie vielleicht später einen »inhaltsreichen« Turm mit Ihren eigenen Händen, verstecken in der einen Faust ein kleines Bonbon oder Geschenk, setzen die Fäuste abwechselnd übereinander und fragen:

Kinderreime sind voll spielerischem Unsinn

207

»Pinke panke,
Schmidt ist kranke,
wo soll er wohnen,
unten oder oben?«

Wer's richtig rät, bekommt, was in der Faust steckt.

• Die Kindergartenkinder haben Spaß an diesen drei
Fingerspielen:

»Himpelchen und Pimpelchen
stiegen auf einen Berg.
Himpelchen war ein Wichtelmann,
und Pimpelchen war ein Zwerg.
Sie blieben lange dort oben sitzen
und wackelten mit den Zipfelmützen.
Doch nach fünfundsiebzig Wochen
sind sie in den Berg gekrochen,
schlafen dort in guter Ruh.
Seid mal still
und hört schön zu:
ch – ch – ch – ch.«

(Die beiden Zwerge sind die Fäuste, die langsam in der
Luft immer höher steigen, die Daumen sind die Zipfelmützen und wackeln hin und her, bis sie in den Fäusten verschwinden. Wenn man sie ans Ohr hält, hört
man sie schnarchen.)

»Herr Schaffner, lassen Sie mich rein!
hab mich so abgehetzt!«
»Bedaure sehr, bedaure sehr,
ist alles schon besetzt!«

Dazu verschränkt man die Finger der beiden Hände
miteinander – die Handflächen und Finger nach innen
– und lässt die Daumen draußen. Ein Daumen ist der
Busfahrer, der andere ein atemloser Mensch, der gern

noch mitfahren möchte. Wenn man jetzt die Hände umdreht, sieht man alle Finger, wie sie in dem Bus sitzen und alle Plätze besetzt haben.

»In der Küche auf dem Tisch
stehet ein Topf mit Milch, ganz frisch.
Kätchen will sich dran erlaben,
von der süßen Milch was haben,
steckt das Köpfchen in das Töpfchen
und trinkt, und trinkt …
O weh! Das Köpfchen will nicht mehr in die Höh!
Mit dem Töpfchen auf dem Köpfchen
läuft das Kätzchen in den Schnee.
Und zieht – und zieht – und zieht!«

Die linke Hand bildet das Milchtöpfchen, die rechte ist die Katze. Sie kommt über den Tisch gelaufen und steckt ihren Kopf in den Topf – das sind Zeigefinger, Mittel- und Ringfinger. Die Linke umschließt die drei Finger ganz fest, während man versucht, sie wieder frei zu bekommen. Nun läuft die arme Katze mit ihren zwei verbliebenen Beinen, dem Daumen und dem kleinen Finger, mit dem Milchtopf auf dem Kopf, ein Stück weiter und zieht und zieht – bis die rechte Hand wieder frei ist.

Mit Wasser spielen

Alle Kinder plantschen gern, doch die Mutter erlaubt es nicht immer, weil sie oft keine Zeit zum Aufwischen hat. Sie haben doch mehr Zeit: Seien Sie großzügig und gönnen Sie den Kindern den Spaß.

Bei allen Kleinen äußerst beliebt: Wasserspiele

Rechnen Sie mit einem nassen Badezimmer und mit nassen Kindern, für die Sie Kleidung zum Wechseln brauchen werden. Stellen Sie eine Fußbank (notfalls auch einen Stuhl) vor das Waschbecken, lassen Sie das

Wasser ein (nicht in die Badewanne, es sei denn, die Kinder sitzen selbst darin und Sie sind dabei), und bringen Sie das »Spielzeug«: mehrere Becher, dazu Trichter, Siebe, Schwamm, Schneeschläger und leere Plastikflaschen zum Spritzen. Das reicht, um ein oder zwei Kinder eine halbe Stunde zu beschäftigen.

Ein besonderer Spaß: gefärbtes Wasser

Wenn es etwas Besonderes sein soll, können Sie noch ein wenig ungiftige Wasser-, Lebensmittel- oder Ostereierfarbe ins Wasser tun.

Weitere Wasserspiele

»Große Wäsche«. Die Kinder können auch »große Wäsche« halten und Taschentücher und Puppenkleider mit Handwaschpaste oder Seife waschen.

Oder abwaschen! Richten Sie eine Abwaschschüssel in der Küche her, vergessen Sie die Fußbank nicht, und lassen Sie alles spülen, was nicht empfindlich ist – abtrocknen natürlich auch.

Seifenblasen. Mit einem Trinkhalm können Kinder in eine Schüssel mit Seifenwasser blasen und so lange üben, bis sie lernen, richtige Seifenblasen zu erzeugen. Ein paar Tropfen Salatöl im Seifenwasser machen die

Blasen haltbarer. Dieses Spiel ist am schönsten auf dem Balkon oder der Terrasse.

Spielen mit Alltagsgegenständen

Nach den turbulenten Spielen sehnt man sich nach einer ruhigeren Beschäftigung, zum Beispiel:

Gibt es noch so etwas wie eine Balken- oder Schalenwaage in Ihrem Haushalt? Es kann eine Briefwaage sein oder die alte Küchenwaage, irgendetwas, was die Bewegung des Wiegens sichtbar macht. Mit der Balken- oder Schalenwaage kann man experimentieren, wie die beiden Schalen immer wieder neu ins Gleichgewicht zu bringen sind, wenn man Knöpfe, kleine Steine, Bleistifte und so weiter auswiegt.

Mit einer Waage spielen

Haben Sie eine Knopfschachtel, womöglich mit ungewöhnlichen, gar goldenen Knöpfen? Man kann sie sortieren nach Größen und Farben, vor allem, wenn man dazu einen Eierkarton benutzt, in dessen Fächern viele verschiedene Gruppen von Knöpfen Platz finden. Die Kinder können eine lange Schlange mit den Knöpfen legen oder Gesichter, einen Fisch oder andere Tiere, wenn Sie noch dicke Wollfäden hinzugeben. Sie können die Knöpfe auffädeln, wenn Sie die Spitze des Fadens mit Alleskleber versteifen, oder Sie benutzen einen Schnürsenkel. Die Kinder können erste Nähversuche machen mit weichem Stoff und großen stumpfen Nadeln und mit buntem Garn.

Mit Knöpfen spielen und nähen

Nicht nur Knöpfe können die Kinder auffädeln, sondern noch vieles andere, und sich dann mit einer ungewöhnlichen Kette schmücken, zum Beispiel aus verschiedenen Nudelarten, kleinen Spulen oder Papierperlen. Sie schneiden dazu aus einer bunten Illustrierten keilförmige, lange Dreiecke aus, streichen sie mit Klebstoff ein

Etwas auffädeln

211

und wickeln sie auf eine Stricknadel oder einen Zahnstocher. Dann ziehen Sie die Nadel heraus, und die Papierperle ist fertig. Die größeren Kinder können solche Perlen für die kleineren und für sich selbst basteln. Wichtig ist bei allem Auffädeln, dass die Spitze der Schnur oder des Fadens mit einem Hauch von Alleskleber verstärkt wird, oder Sie benutzen Nylonschnur, die auch ohne Kleber steif ist.

Instrumente basteln

Musik oder Krach, da sind die Übergänge fließend

Trommel. Die selbstbewussten Dreijährigen stolzieren herum, schlagen zwei Topfdeckel zusammen, singen dazu und fühlen sich stark. Wenn Sie es weniger laut haben wollen, geben Sie ihnen verschließbare Marmeladengläser oder Blechbüchsen mit kleinen Steinen, Reis oder Bohnen darin in die Hände, oder Sie hängen ihnen eine runde Waschmitteltonne als Trommel um und geben ihnen einen Kochlöffel zum Draufschlagen.

Eine bessere Trommel erhält man, wenn man die offene Seite der Tonne mit Butterbrotpapier bedeckt und es mit einem kräftigen Gummi- oder Klebeband befestigt. Das Trommeln muss dann etwas vorsichtiger erfolgen, als wenn auf den Pappdeckel geschlagen wird.

Das Trommeln üben die Kinder auf dem Tisch und mit den Fingern ein

Wie klingt es, wenn es tröpfelt, wenn es regnet oder gießt? Den Hagel macht man mit den Fingerknöcheln, den Donner mit der ganzen Faust.

Gitarre. Aus einem Schuh- oder anderem Karton bauen Sie eine Gitarre, wenn Sie ihn mit kräftigen Gummibändern überspannen. Man kann darauf durch Zupfen Töne erzeugen.

Flöte. Aus Rollen von Toiletten- oder Küchenpapier, die Sie sicher in Ihrer Kramkiste finden, kann man Flöten machen, indem man drei oder vier Löcher in einer Linie hineinsticht und ein Ende mit Butterbrotpapier verschließt, das wiederum mit einem Gummiring oder Klebeband befestigt wird. Wenn man die Melodie hineinsummt und dann noch mal mehr, mal weniger Löcher zuhält, entsteht eine dumpfe, fremde Musik.

Wenn man über die Öffnung einer leeren Flasche bläst, halb hinein, halb über den Rand hinaus, entsteht ein dumpfes Tuten.

Singender Kamm. Den Kamm mit Pergamentpapier umwickeln, an den Mund halten und darauf blasen – das kitzelt an den Lippen, aber es klingt gut.

Auf dem Kamm blasen

Gläsernes Klavier. Ein »gläsernes Klavier« ist etwas für Kinder, die mehr Freude an Musik als an Krach haben. Reihen Sie Gläser und Flaschen auf, und lassen Sie sie sanft anschlagen: mit einem Bleistift, einem kleinen Löffel. Dann gießen Sie Wasser hinein: der Ton verändert sich; wenn man nachgießt, wird er tiefer.

Alte und neue Kinderlieder

Das schönste Instrument ist für mich die menschliche Stimme. Ein paar Lieder fallen Ihnen vielleicht noch ein, wie »Alle Vögel sind schon da«, »Fuchs, du hast die Gans gestohlen«, »A B C, die Katze lief in 'n Schnee« oder »Komm, lieber Mai, und mache die Bäume wieder grün«. Die Kinder werden sich darüber freuen und sich bemühen, die Lieder zu lernen.

Singen Sie mit Ihren Enkelkindern!

Wenn sie im Kindergarten sind, lernen sie heute ganz andere Lieder, mit modernen Texten, die das moderne Leben wiedergeben, und moderne Rhythmen. Die können Sie von den Kindern lernen, doch das ist nicht so leicht. Besser ist es da, Sie leihen sich in der öffentlichen

Bibliothek Kassetten oder Liederbücher aus und suchen
darin die Lieder, die die Enkel Ihnen vorsingen. Sie werden Ihnen gefallen, denn sie sind frisch, schwungvoll
und witzig.

Alte Kinderreime

Erinnern Sie
sich? Wie Sie von den Enkeln neue Kinderlieder lernen, so
sollten diese bei Ihnen die alten Kinderreime kennen
lernen. Erinnern Sie sich? Man braucht sie für die »kleinen Unfälle« des Lebens:

»Heile heile Segen,
drei Tage Regen,
drei Tage Sonnenschein –
wird schon wieder besser sein;
drei Tage Schnee –
tut schon nicht mehr weh.«

»Aua,
schreit der Bauer,
die Äpfel sind zu sauer,
die Birnen sind zu süß,
morgen gibt's Gemüs.«

»Auf dem Berge Sinai
wohnt der Schneider Kikriki.
Seine Frau, die alte Grete,
saß auf dem Balkon und nähte,
fiel herab, fiel herab,
und das linke Bein brach ab.
Kam der Doktor Hampelmann,
klebt das Bein mit Spucke an.«

Kinder mögen Liedertexte, die es ihnen erlauben, selbst mit Sprache zu experimentieren. Für die folgende Geschichte können Sie gemeinsam immer neue Fassungen dichten:

»Es war einmal ein Mann,
der hatte einen Schwamm,
der Schwamm war ihm zu nass,
da ging er auf die Gass,
die Gass war ihm zu kalt,
da ging er in den Wald,
der Wald war ihm zu grün,
da ging er nach Berlin,
Berlin war ihm zu frei,
da ging er zu dem Kai,
der Kai war ihm zu frech –
patsch!
haste eine weg!«

Und vergessen Sie nicht die Geschichte von dem Vater mit den sieben Söhnen:

»Es war einmal ein Vater,
der hatte sieben Söhne,
die sieben Söhne sprachen:
Vater, erzähl uns mal 'ne Geschichte!
Da fing der Vater an:
Es war einmal ein Vater,
der hatte sieben Söhne ...«

oder:

»Mein lieber Bruder Ärgerlich
hat alles, was er will,
und was er hat, das will er nicht,
und was er will, das hat er nicht.
Mein lieber Bruder Ärgerlich
hat alles, was er will.«

»Mein Kindlein ist klein,
es bildt sich viel ein.
Jetzt mag es mich nimmer –
es muss aber nicht sein.«

Und am Ende der Kindergartenzeit können Sie sagen:

»Ene mene Tintenfass,
geh zur Schul und lerne was.
Wenn du was gelernet hast,
komm nach Haus und sag mir was.«

»Rote Kirschen ess ich gern,
schwarze noch viel lieber,
in die Schule geh ich gern,
alle Tage wieder.«

Mit Kleister und Klebeband gestalten

Beim Gestalten mit Farbe und Kleister bleibt man nicht sauber

Schauen Sie einmal gemeinsam in die Mal- und Bastelkiste oder in die Kramkiste, ob nicht genug »Zeug« darin ist für ein Materialbild. Dazu braucht es einen großen Bogen Packpapier oder ein Stück von einer Tapetenrolle und Federn, Stofffetzen, Wollfäden, Nudelsternchen, »Silberpapier«, Wattebäusche, bunte Papierschnitzel, aus Illustriertenbildern gerissen. Den Leim kaufen Sie als Tapetenkleister in Pulverform und rühren ihn mit kaltem Wasser an. Lassen Sie die Kinder in einer unempfindlichen Umgebung arbeiten, am besten in der Küche, und helfen Sie ihnen, das Werk mit ein paar bunten Filzstiftstrichen zu vollenden.

Wenn Ihnen einmal nicht der Sinn nach der Klebstoffschmiererei steht, können Sie den Kindern Klebeband zum Arbeiten geben, viel buntes Papier und einen großen Papierbogen, auf den sie alles aufkleben. Schneiden Sie das Klebeband in kleinere Stücke zurecht, die Sie ganz leicht am Rand des Tisches festkleben. Weil sich die Klebestreifen trotz aller Vorsicht immer ein wenig selbstständig machen, wird auch dieses Bild seine »Höhen« und »Tiefen« haben.

Mit Fingern, Pinseln, Kartoffeln und Farbe gestalten

Fingerfarben sind ideal, wenn sie sich leicht abwischen lassen, wenn die Kinder unempfindlich angezogen sind oder geschützt wie oben vorgeschlagen. Stellen Sie großes Papier und alte Lappen zum Abwischen bereit, und verlegen Sie die Malarbeit in die Küche, die leichter zu reinigen ist als das Wohnzimmer. Wenn die Kinder ihre Freude am Malen mit den Fingern befriedigt haben, werden sie gern breite Pinsel oder alte Zahnbürsten benutzen, um neue Effekte auszuprobieren. Zeigen Sie ihnen auch, wie man mit der bemalten Hand »drucken« oder mit dem immer wieder in die Farbe getauchten

Arbeiten Sie in der Küche ...

Zeigefinger ein Muster tupfen kann. Später wollen sie ausprobieren, wie sich Farben verwandeln, wenn man sie mischt. Halten Sie Jogurtbecher für das Farbmixen bereit und ein standfestes Gefäß mit Wasser zum Auswaschen der Pinsel.

Männchen aus Klecksen

Auch Wasserfarben, die alten Tuschfarben aus dem Farbkasten, hinterlassen keine schlimmen Spuren. Sorgen Sie für dicke Borstenpinsel und viel Papier, und machen Sie aus den Tropfen, die meist ganz unerwartet vom Pinsel fallen, Tröpfelbilder. Man denkt sich gemeinsam aus, was sie bedeuten, oder Sie lassen mit dem Filzstift kleine Männchen oder Tiere aus den Tropfen entstehen.

Drucken will gelernt sein

Mit diesen Farben kann auch gedruckt werden, doch satter im Ton – aber teurer – ist Plakafarbe. Die Druckstempel sind anfangs nur eine durchgeschnittene Möhre oder Kartoffel oder ein Korken, bis die Kinder gelernt haben, die Fläche gleichmäßig einzufärben und aufzudrucken. Danach schneiden Sie einfache Vierecke oder Dreiecke aus den Kartoffeln und lassen Muster aus mehreren Farben drucken.

Wem das nicht zu »unkreativ« ist: Schöne Stempel entstehen, wenn Sie in eine halbe Kartoffel ein Backförmchen von der Weihnachtsbäckerei eindrücken und dann diese Form nachschneiden; so bekommen Sie Sterne, Monde, Weihnachtsbäume und vielleicht einen kleinen Hasen, der sich für die Osterdruckerei eignet. Wer will und kann, schnitzt sich eigene Stempelformen in seine Kartoffel. Es macht auch Spaß, mit kleinen Schwämmchen oder Stoffballen zu drucken.

Geschenke aus Stoff

Die Schulkinder wollen vielleicht Geschenke anfertigen, indem sie mit Stofffarben auf Stofftaschen oder Deckchen drucken. Diese Farben sind teurer und lassen sich nicht mehr auswaschen, wenn sie einmal durch Bügeln fixiert sind.

218

Basteln mit Naturmaterial und Fantasie

Wenn Sie mit Ihren Enkeln von draußen kommen und diese ihre gesammelten Schätze auspacken: Eicheln, Kastanien, Steine, Schneckenhäuser, Tannen- und Kiefernzapfen, dann muss man einfach etwas damit basteln (siehe auch Seite 221 ff.).

Wenn Sie keinen Werkzeugkasten besitzen und auch keine Lust haben, mit Werkzeug umzugehen, kann das den Kindern durchaus zugute kommen. Auf diese Weise werden Sie ihnen nichts vorbasteln, sondern nur Hilfestellung leisten, und so können die Kinder ihre Kreativität und Fantasie, ihren Taten- und Spieldrang entfalten.

Was die Kinder basteln, wird Ihre Wohnung nicht auf Dauer verstellen, sondern rechtzeitig Platz machen für die nächsten Basteleien: Die Herbstgestalten aus Eicheln und Kastanien werden das Regal räumen für die Weihnachtsfiguren, die Ketten aus Hagebutten werden vertrocknen ebenso wie das Moos in einem Ostergärtchen, das im Frühling entstanden ist. Beim nächsten Mal, im nächsten Jahr werden die Kinder Neues, Schwierigeres herstellen, neue Techniken anwenden, die sie sich irgendwo abgeguckt haben.

Sie brauchen als notwendiges Handwerkszeug:

• eine unempfindliche Unterlage, zum Beispiel ein Holzbrett

• ein scharfes Messer

• etwas, um ein Loch zu machen, im Idealfall ein Holzbohrer, es geht auch ein Nagel, oft genügt der Dorn, mit dem Sie ein Loch in die Milchdose drücken

Die Enkel wollen etwas basteln aus Kastanien, Eicheln, Tannenzapfen

Naturmaterial ist vergänglich ...

Sie brauchen nur ein Minimum an Handwerkszeug

219

- Zahnstocher, Streichhölzer (abgetrennter »Kopf«)

- Klebstoff (lösungsmittelfreier Alleskleber)

- Plakafarbe, Klarlack, Gips.

Damit gearbeitet werden kann, muss das gesammelte Material gereinigt (die Erde entfernt) und auf Zeitungspapier zum Trocknen ausgebreitet werden. Kastanien und Eicheln kann man im Gefrierschrank frisch halten.

Was man sammeln und verarbeiten kann

Steine, Schneckenhäuser, Muscheln, Tannen- und Kiefernzapfen, Schwemmholz, Borkenstücke, Kastanien, Eicheln, Hüllen von Bucheckern und Kastanien, Federn, Maisblätter, Baumflechten, Moos, Wurzeln, kleine Zweige, fantastische Fruchtstände, wie die der Waldrebe, Beeren wie Hagebutten, Schneebeeren, Vogelbeeren. (Achtung: auf giftige Beeren verzichten!)

Aus dem Haus kann man dazugeben: Nussschalen, Korken, Watte.

Bei allen Figuren ist das Aufstellen ein Problem. Man löst es am einfachsten mit Knete oder mit einer halbierten Kartoffel, in die man die Streichholz- oder Zahnstocherbeine leicht einfügen kann.

Ketten aus Naturmaterial

Alles, was klein und weich genug ist, um mit einer stumpfen Wollstopfnadel durchbohrt zu werden, kann man zur Kette auf einen Zwirn oder einen anderen dicken Baumwollfaden aufreihen: Schneebeeren, Hagebutten (direkt unter dem Krönchen lassen sie sich am leichtesten durchstechen), Bucheckern, Maiskörner, Kürbissamen, Erbsen, Melonen-, Apfel-, Orangen-, Bohnenkerne, dazu alles, was klein ist und Löcher hat, wie Sternchennudeln und Makkaronistückchen.

Aus »gröberem« Naturmaterial, wie Kastanien, Eicheln, Lochsteinen, Muscheln, entstehen Ketten als Raum- oder Fensterschmuck, wenn man es fertig bringt, sie zu durchbohren. Man kann sie auf eine Schnur oder ein schönes Band aufziehen mit Knoten darin als Abstandhalter. Oft werden sie senkrecht aufgehängt.

Kastanien, Eicheln und Hagebutten

Sie lassen sich leicht bearbeiten, wenn sie noch frisch sind, später werden sie hart und platzen auf, wenn man ein Loch hineinbohrt, es sei denn, man holte sie aus dem Gefrierschrank. Die unterschiedlichen Formen der Kastanien gilt es auszunutzen:

Tiere und Männchen aus Kastanien und Eicheln

• Die platte, ein wenig spitze Kastanie wird ein Mäuschen, wenn man ihr einen Schwanz aus Wollfaden anklebt, vielleicht noch eine Bucheckernhülle als Schnäuzchen und zwei spitze Ohren aus Papier.

• Ohne den langen Schwanz, aber mit vielen Stückchen von Zahnstochern besteckt, wird daraus ein Igel. »Stilvoller« ist er mit eingeklebten Kiefernnadeln. Die Hüllen der Kastanien sind schon fast der fertige Igel.

• Aus einer besonders großen Kastanie entsteht ein Tier. Es steht auf vier Beinen aus Streichhölzern oder halben Zahnstochern, die in ihre Löcher eingeklebt werden. Der Leib bekommt noch weitere Löcher, einige für den Schwanz aus Federn, eines für den Hals aus einem Streichholz mit einer darauf sitzenden Eichel.

• Aber was für ein Tier ist das: Es hat vier Beine und einen Schwanz aus Federn? Also muss man entweder einen anderen Schwanz ersinnen, vielleicht einen Wollfaden, Watte oder ein Streichholzstückchen nehmen, oder versuchen, den Vogel auf zwei Streichholzbeinen zum Stehen zu bringen. Zwei Kneteklümpchen geben ihm Standfestigkeit oder eine halbe Kartoffel oder zwei halbe Kastanien.

• So bringt man auch ein Männchen zum Stehen. Sein Leib ist eine größere, der Kopf eine kleinere Kastanie, seine Arme und Beine sind Streichhölzer oder Zweiglein, sein Hut ist ein Eichelhütchen, oder das Eichelhütchen ist seine Pfeife. Auf die helle Seite der kleineren Kastanie malt man das Gesicht. Seine Frau sieht ähnlich aus, doch hat sie Kleider aus Maisblättern, die in Wasser eingeweicht und dann gebügelt wurden.

• Sind die Kinder richtig in Fahrt gekommen, können sie noch Kastanien aushöhlen zu Körbchen, die dem Männchen und seiner Frau vielleicht nützlich sind, oder die ausgehöhlten Kastanien miteinander verbinden zu einer Eisenbahn.

Achtung: Die Kernchen im Inneren sind ein wahres Juckpulver

• Die dicken roten Hagebutten sind weicher als die Kastanien und lassen sich leichter aushöhlen. Kombiniert mit Eicheln und Kastanien können die Kinder daraus Körbchen oder Puppengeschirr basteln.

Tannen- und Kiefernzapfen

Um die Fantasie in Gang zu bringen, müssen erst die Schuppen der Zapfen geöffnet werden, indem man sie einen Nachmittag lang auf die Heizung legt. Dann kann man Hölzchen und Federn einkleben, ihnen Schnäuzchen aus Bucheckernhüllen ankleben oder die kleinen Früchte der Erlen.

Mit Federn geschmückte Zapfen werden zu Vögeln, die man an einem Faden aufhängt und schweben lässt.

Steine, Muscheln, Schneckenhäuser und Wurzeln

Die Steine werden mit Wasser und einer harten Bürste gesäubert, Muscheln, Schneckenhäuser und Wurzeln etwas vorsichtiger bearbeitet. Sind sie trocken, besieht man sich die Ausbeute. Was lässt sich damit anfangen?

Experimentieren Sie, um zu sehen, was in ihnen steckt

Mit einem Filzstift malt man einem Stein ein Gesicht, mit Plakafarbe kann man ihn farbig bemalen und überzieht ihn dann mit Klarlack. An einem besonders schönen Stein braucht man gar nichts zu verändern, man gibt ihm nur mit Klarlack Glanz.

Dem Stein ein Gesicht geben ...

Mit der Fantasie der Kinder – oder unter Anleitung eines Buches – erkennt man in den Steinen ihre Eignung zur Verwandlung in eine Ente, einen liegenden Hasen, einen Troll oder dergleichen, vielleicht unter Zuhilfenahme von Muscheln, Schneckenhäusern, Wurzeln, Baumflechten. Bizarre Wurzeln lassen manchmal erkennen, dass ein Männchen oder Tier in ihnen steckt, die man mit ein wenig Farbe besser kenntlich macht. Im Naturzustand bilden Steine und Wurzeln den Hintergrund für eine »Landschaft« mit den Kastanienfiguren, ein Stück Borke oder Schwemmholz bildet die Grundplatte, Alleskleber hält die einzelnen Teile zusammen.

Zusammenfügen zu Figuren

Sie brauchen viele Steinchen verschiedener Farbe, Schneckenhäuser, Muscheln und einen »Rahmen« – ein Kästchen, ein altes Tablett, den Deckel einer Dose. Nun können Sie versuchen, ein Mosaik zu erstellen. Fragen Sie die Kinder, was sie sich vorstellen, soll es ein Fisch werden, ein Hahn, eine Landschaft? Wahrscheinlich haben Sie noch zu wenig Material, deshalb müssen Sie noch einmal losziehen und gezielter suchen. Oft rettet es einen, wenn man auf zerschlagene Ziegelsteine zurückgreift – sie bringen ein schönes Rot ins Bild.

Zusammenfügen zu einem Bild

Streichen Sie dann den Boden ihrer Form oder des »Rahmens« mit Gips oder Moltofill ein, und drücken Sie die Steinchen und Muscheln darin fest. So kann ein Mitbringsel für die Eltern entstehen.

Fantasievolle
Ketten

Wenn Sie gar durchlöcherte Steine gefunden haben, ziehen Sie sie auf zu Ketten, nachdem Sie sie mit Farbe und Lack noch aufgeputzt haben. In die Schneckenhäuser kann man ganz langsam und vorsichtig ein Loch klopfen und sie ebenfalls aufziehen.

Walnussschalen

• Eine Maus entsteht, wenn man an die halbe Walnussschale einen Wollfaden als Schwanz, ein paar Wollfäden als Bart und Ohren aus Papier anklebt, dazu die Augen aufmalt.

• Ein Käfer braucht eine Unterlage aus schwarzem Papier in der Form von sechs Beinen, Kopf und Fühlern, auf die die Nussschale geklebt wird. Der Käferrücken wird mit Farbstiften bemalt.

• Kerzenschiffchen sind Nussschalen, in die Kerzenstummel mit Wachstropfen eingeklebt wurden. Sie werden brennend in eine Schüssel mit Wasser gesetzt und verbreiten eine festliche Stimmung.

Korken

Mit Korken kann
man viel machen

Korken sind kein draußen gesammeltes Naturmaterial, doch sind sie so leicht zugänglich und so einfach zu verarbeiten, dass man sie den Kindern mit auf den Basteltisch legen sollte. Korken bieten sich an zur Verwandlung in Tiere, denn Zahnstocher lassen sich darin leichter befestigen als in Kastanien und Eicheln und

müssen nicht festgeklebt werden. Allerdings ist Kork
schwer zu schneiden.

Herbstlaub

Bunte Blätter, im Herbst gesammelt, werden zwischen
Tüchern oder Küchenkrepp gebügelt und auf Papier-
bögen geklebt. Die Kinder können daraus herrliche Bilder entstehen lassen.

Legt man die Blätter unter das Papier, kann man Rub-
belbilder machen, indem man mit Blei-, Bunt- oder
Wachsmalstiften darüber rubbelt. Die Struktur des Blat-
tes bildet sich auf der Oberfläche ab. Ähnlich ist das Ergebnis, wenn man mit den Blättern druckt. Man streicht
sie mit Farbe ein, legt sie auf den Papierbogen und
drückt sie vorsichtig an, ohne dass es verschmiert. Auch
da zeichnet sich die Blattstruktur ab. Einfarbig und
mehrfarbig gedruckte Bilder sind gleichermaßen reizvoll.

Löwenzahn

Löwenzahn ist das Bastelmaterial des Frühlings. Experimentieren Sie, um zu sehen, was in ihm steckt. Man
kann daraus mehr als nur Ketten und Kränze machen.
Wenn die Kinder den Löwenzahn mit nach Hause gebracht haben, weil sie seine schönen gelben Blüten in
die Vase stellen wollten, werden sie bald merken, dass
sie sehr rasch verwelken. Dann trösten Sie sie, indem
Sie aus den Stängeln noch etwas basteln. Schneiden Sie
die Stängel an beiden Seiten mit einem Messer ein, und
legen Sie sie in Wasser – seltsame kleine Spiralmänn-
chen formen sich daraus.

Bohren Sie, zum Beispiel mit dem Dorn, mit dem Sie
Kaffeemilchdosen öffnen, ein Loch in die Wand einer

Dose oder eines Jogurtbechers. Dann lassen Sie die Enkel einen Löwenzahnstängel durch das Loch hindurchstecken, sodass das dicke Ende in der Dose bleibt. Gießt man Wasser in die Dose, läuft es durch den Stängel ab. Nun kann man ihn mit anderen Stängeln verlängern, indem man immer die dünnen Enden in die dicken steckt. Die Leitung wird länger, führt abwärts in eine andere Dose und so weiter, und die Kinder stehen dabei und staunen.

Puzzles und Legespiele

Für Puzzles und Legespiele interessieren sich die Kinder phasenweise

Finden sich auch Postkarten oder größere bunte, feste Bilder in der Mal- und Bastelkiste? Dann schneiden Sie daraus Puzzles selbst zurecht. Das hat den Vorteil, dass Sie mit einfachsten Formen beginnen können, zum Beispiel, indem Sie das Bild zweimal von Ecke zu Ecke, also in den Diagonalen zerschneiden und so vier Teile erhalten, mit denen ein kaum Dreijähriges fertig werden kann. Wenn sich die Kinder heute nicht dafür interessieren, können sie ein anderes Mal ganz begeistert bei der Sache sein.

Die Kinder können aus allen möglichen Dingen Figuren oder Muster legen, aus Knöpfen, wie oben genannt, aus Streichhölzern, Wäscheklammern, aus Steinen oder einem Haufen Kastanien und Eicheln. Daraus entsteht vielleicht ein schönes »Bild« auf der Fensterbank.

So kommt Bewegung ins Haus!

Manchmal muss getobt werden, aber mit Maßen

Man kann nicht immer still sitzen, es muss auch mal durchs Zimmer getobt werden, aber mit Maßen, damit nichts kaputtgeht und niemand sich im Eifer des Gefechts wehtut.

226

Die Dreijährigen lieben es, mit Oma und Opa Verstecken zu spielen, wobei sie sich im Verstecken und Suchen abwechseln. Die Fünfjährigen möchten sich eine Bude oder Höhle bauen unterm Tisch. Geben Sie ihnen ein paar alte Decken oder Tücher, wie Betttücher, Gardinen, dazu ein paar Wäscheklammern, und helfen Sie selbst ein wenig nach, damit die ganze Herrlichkeit nicht gleich wieder zusammenfällt.

Verstecken und Bauen

Spielen Sie Tierstimmennachahmen mit den Kleinen, und denken Sie sich gemeinsam aus, wie wohl Elefant, Fisch, Nashorn, Schnecke miteinander reden. Bringen Sie die Kinder dazu, sich auch wie diese Tiere zu bewegen.

Wir spielen Tiere

Mit Luftballons kann man sogar in der Wohnung Ball spielen. Man kann sie

Ballspielen mit Luftballons

• sich über eine Schnur zuwerfen, wie beim Volleyball

• mit der Faust oder Handfläche hochboxen, sodass sie nicht zu Boden fallen

• sie vor dem Verknoten loslassen, sodass sie mit Gequietsche wie eine Rakete durch die Luft sausen.

»Backen« mit Teig und Knete

So kann man Knete selbst machen ...

Einen Hefe- oder Mürbeteig können die Kinder ausstechen und verzieren, und Sie backen dann schöne Plätzchen daraus.

Genauso geht es mit selbst gemachter Knete, die man nicht zu backen braucht und mit der man noch viel mehr anfangen kann als mit dem Kuchenteig. Hier das Rezept:

400 g Mehl
200 g Salz
1/2 l kochendes Wasser
2 Esslöffel Speiseöl
2 Esslöffel Alaunpulver (11 g) aus der Apotheke
Lebensmittelfarbe

Die Zutaten werden erst zusammengerührt, dann verknetet. In einer Plastiktüte oder einem verschlossenen Glas hält sich die Knete im Kühlschrank über längere Zeit.

Man kann diesen Teig kneten, ausrollen und ausstechen, aber daraus zum Beispiel auch Perlen machen, die man auf eine Kette aufzieht, nachdem sie einige Tage getrocknet sind. Vorher mit Zahnstocher durchbohren! Mithilfe einer Knoblauchpresse entstehen »Spagetti«, was die Kinder sehr fasziniert.

Vorlesen und lustiger Zeitvertreib

»Omi, liest du uns was vor?«

Nichts kann gemütlicher sein, als sich zusammenzukuscheln zum Vorlesen. Und doch kann es leicht passieren, dass die Kinder Angst bekommen, und zwar auch an unvorhersehbaren Stellen und auch bei lustigen Bildern – um wie viel mehr vor dem Fuchs, der die Hasenkinder fressen will, oder vor dem schwarzen Teufel, der den standhaften Zinnsoldaten bedroht! Trotzdem bitten sie, dass Sie diese Bücher immer wieder vorlesen, und genießen die Angst-Lust in Ihrer schützenden Nähe, bis sie sie überwunden haben. Drängen Sie aber nicht, indem Sie sagen: »Du brauchst doch keine Angst zu haben, der tut dir doch nichts!« Wenn das Kind die Geschichte nicht hören will, zwingen Sie sie ihm nicht auf.

Die Dreijährigen können einer Märchenhandlung noch nicht folgen, aber sich mit Ihnen zusammen Bilderbücher mit kurzen Texten ansehen und dabei lernen, längere Zusammenhänge zu verstehen.

Die Kinder sind schon fast schulreif, ehe es ihnen gelingt, gezielt zu pusten. Also können sie zum Schluss dieses Kapitels für die Kindergartenkinder die Kerzen auspusten und dann versuchen, mit Wattebäuschen Fußball zu spielen, indem sie sie über den Tisch blasen. Wer es ganz genau machen will, pustet die leichten Dinger mit einem Trinkröhrchen an und in ein Tor hinein, das Sie auf die Tischplatte gezeichnet oder mit einem Schuhkarton aufgestellt haben. Und wer so gut pusten kann, darf sich an Seifenblasen versuchen und das Röhrchen in Seifen- oder Spülmittelwasser tunken.

Pustespiele

Wenn die liebsten Kinder mal unleidlich sind und an allem herumnörgeln, versuchen Sie doch einmal, den Ärger in Reime zu fassen, auch wenn dabei nur Unsinn entsteht.

Wenn gar nichts mehr hilft …

Manchmal kann man auch ganz verbockte Stimmungslagen damit aufheitern!

»Unser Karsten ist heut sauer
und die Katz liegt auf der Lauer.«

»Friederike, Friederike –
ob ich sie ein bisschen zwicke?«

SPIEL UND SPASS MIT SCHULKINDERN

Witze, Singspiele und Lügengeschichten

● Fragen Sie Ihr Enkelkind, das in die Schule gekommen ist, wie es dort zugeht, zum Beispiel so:

»Sechs mal sechs ist sechsunddreißig,
ist der Lehrer noch so fleißig,
sind die Kinder dumm,
geht der Stecken bum bum bum.«

»Sechs mal sechs ist sechsunddreißig,
alle Kinder sind so fleißig,
doch der Lehrer, der ist faul
wie ein alter Droschkengaul.«

● Und wie geht es in der Küche zu, vielleicht so?

»Ein Hund kam um die Ecke
und stahl dem Koch ein Ei,
da nahm der Koch die Kelle
und schlug den Hund zu Brei.
Da kamen viele Hunde
und gruben ihm ein Grab
und setzten drauf ein Denkstein,
darauf geschrieben stand:
Ein Hund kam um die Ecke
und stahl dem Koch ein Ei ...«

Die Kinder werden Sie womöglich mit den Witzen überfallen, die sie gerade kennen gelernt haben – machen Sie sich darauf gefasst, dass sie nicht immer Ihrem Geschmack entsprechen, und lachen Sie trotzdem! Wenn Sie selbst keine Witze und Rätsel kennen, kaufen Sie kleine Büchlein, in denen sie zu finden sind. Im zweiten Schuljahr wird das Kind versuchen, selbst darin zu lesen. Kennt Ihr Enkelkind diese Geschichte schon?

»Ick sitze da und esse Klops,
mit eenmal klopts.
Ick kieke hoch und wundre mir
mit eenmal jeht se uff, die Tür.
Ick stehe uff und denk: nanu,
jetzt isse uff, erst warse zu.
Ick jehe hin und kieke,
und wer steht draußen?
Icke!«

Wenn man sich vorstellen kann, wie ein Wort geschrieben wird, kann man auch Buchstaben daraus weglassen, wie bei diesem Singspiel, zu dem Ihnen hoffentlich eine Melodie einfällt:

Auf der Mauer auf der Lauer ...

»Auf der Mauer auf der Lauer
sitzt ’ne kleine Wanze.
Seht euch mal die Wanze an,
wie die Wanze tanzen kann!
Auf der Mauer auf der Lauer
sitzt ’ne kleine Wanze.«

Beim ersten Mal singt man das Lied vollständig oder sagt es auf, wenn man keine Melodie dazu weiß, dann lässt man jedes Mal, von hinten begonnen, einen Buchstaben von »Wanze« und »tanzen« weg, bis zum bloßen W und t, und danach baut man die Wörter wieder auf.

Erinnern Sie sich an das Lied »Jetzt fahrn wir übern See«? Da muss beim Singen immer wieder ein Wort ausgelassen werden, und wer's vergisst, zahlt ein Pfand oder einen Groschen.

Jetzt fahrn wir übern See ...

Mein Hut, der hat
drei Ecken ...

Bei »Mein Hut, der hat drei Ecken« werden »mein«,
»Hut«, »drei« und »Ecken« nacheinander durch Gesten ersetzt. Hier ist der vollständige Text:

»Mein Hut, der hat drei Ecken,
drei Ecken hat mein Hut,
und hätt er nicht drei Ecken,
so wär's auch nicht mein Hut.«

Von solchem Unsinn können die Schulkinder nicht genug bekommen, darum hier noch ein Beispiel:

Drei Chinesen
mit dem
Kontrabass ...

»Drei Chinesen mit dem Kontrabass
saßen auf der Straße und erzählten sich was.
Kam der Polizist: ›Ei, was ist denn das?‹
Drei Chinesen mit dem Kontrabass.«

Diese Strophe singt oder sagt man mit immer anderem
Vokal, also erst:

»Dra Chanasan mat dam Kantrabass ...«, dann: »Dri
Chinisin mit dim Kintribiss ...« und so fort. Das klingt
fast Chinesisch!

Ein Loch
ist im Eimer ...

Und erinnern Sie sich an diese Lieder: »Ein Loch ist im
Eimer ...« oder »Wenn der Pott aber nu ein Loch hat,
liebe Liese, liebe Liese ...«? Sie gehören zu jenen End-
losliedern, die sich »in den Schwanz beißen«; vielleicht
bekommen Sie sie wieder zusammen.

Lügengeschichten

Da sind auch noch die Lügengeschichten, wie:

»Die Kuh, die saß im Schwalbennest
mit sieben jungen Ziegen,
die feierten ihr Jubelfest
und fingen an zu fliegen.
Der Esel zog Pantoffeln an,
ist übers Haus geflogen,

232

und wenn es nicht die Wahrheit ist,
so ist es doch gelogen.«

Oder diese:

»Ich sah einen Ochsen tanzen gehn,
sich fidel auf Eiern drehn.
Ich sah die Fliege Zähne putzen
und dazu einen Stein benutzen.«

Und die stärkste Flunkergeschichte:

»Dunkel war's, der Mond schien helle,
schneebedeckt die grüne Flur,
als ein Wagen blitzeschnelle
langsam um die Ecke fuhr.
Drinnen saßen stehend Leute,
schweigend ins Gespräch vertieft
über einen toten Hasen,
der im Sande Schlittschuh lief.
Und ein blond gelockter Jüngling
mit kohlrabenschwarzem Haar
aß an einer Butterstulle,
die mit Schmalz bestrichen war.«

Dunkel war's,
der Mond schien
helle …

SCHREIBSPIELE UND GEHEIMCODES

Schreibspiele

Schreibspiele gibt es unzählige. Sie erinnern sich vielleicht noch an Schreibspiele aus Ihrer Schulzeit, zum
Beispiel an das, bei dem man einen Zettel immer wieder nach hinten umfaltet, ihn in einem größeren Kreis
weitergibt und jedes Mal ein neues Wort draufschreibt
nach dem Schema »Hans / und Grete / tauchen / be-
schwipst/ in der Badewanne.« Wenn dann heimliche

Wenn man
schreiben kann,
entdeckt man das
Spielen mit
Buchstaben
und Wörtern

233

Wünsche und Verliebtheiten offenbar wurden, war das Gelächter groß.

Stadt, Land, Fluss

Die kleineren Kinder wetteifern miteinander, eine Stadt, ein Land, einen Fluss, ein Tier, einen Beruf und so weiter zu finden, die mit einem bestimmten Buchstaben beginnen.

Jedes Kind braucht einen Bogen Papier, auf dem die Kategorien vorher eingetragen werden: Stadt, Land, Fluss und so weiter. Ein Kind sagt in Gedanken das Alphabet auf, eines sagt »Stopp!«, der zuletzt gedachte Buchstabe ist es, mit dem alle Wörter beginnen müssen: Gera, Griechenland, Garonne, Gans, Gärtner. Sobald ein Kind alle Wörter gefunden hat, ist die Spielrunde zu Ende, das schnellste Kind liest seine Wörter vor.

Es gibt komplizierte Verrechnungssysteme, wie viele Punkte man für die gefundenen Wörter erhält, das einfachste ist: Mehrmals genannte Wörter zählen einen Punkt, die, die sonst niemand gefunden hat, zählen doppelt.

»Was isst die Maus am Donnerstag?«

Man schreibt die Wochentage untereinander und zu jedem drei Gerichte oder Nahrungsmittel, die mit demselben Buchstaben beginnen wie der Tag – Gerichte für Menschen und/oder Mäuse. Am Donnerstag essen die Menschen vielleicht Datteln, Dosenmilch und Dominosteine und die Mäuse Dampfnudeln. Wer zuerst drei Gerichte aufgeschrieben hat, ist Sieger. Mit den Monatsnamen kann weitergespielt werden.

Geheimcodes

Sie können den Kindern Geheimcodes beibringen, sodass sie sich Botschaften senden können, die niemand entziffert.

Ein Code heißt »Zwei weg«, dabei werden zwischen je zwei Buchstaben der Botschaft zwei beliebige weitere Buchstaben eingeschoben. Will man schreiben: »Komm um fünf«, wird daraus: erkdfossmsamiwutzmnmfyxübgnwsföl.

Zwei weg …

Oder man benutzt die Blumensprache: Es gelten nur die Wörter, die auf einen Blumennamen folgen, also: »Heute Astern komm tanzen Platte noch Veilchen um Säge Hämmer brechen Rose fünf Vater ist da«.

Blumensprache

Zu zweit kann man sich Zettel schreiben mit einer Botschaft, die der andere Spieler/die Spielerin erraten muss nach dem Vorbild von »Ich sehe was, was du nicht siehst«. In diesem Falle nimmt man sich ein Wort wie »Gardine« und lässt nur vier Buchstaben davon stehen: G-R-D-E. Wer rät daraus »Gardine«?

»Gardine« raten

Im Englischen spielt man »Hangman«, auf Deutsch »Galgenmännchen«: Man zeichnet Strich für Strich einen Galgen und eine Person daran, mit zehn Strichen ist das erledigt und der andere tot. Wir wollen das Spiel nicht mit einer so schrecklichen Zeichnung verbinden und machen nur eine Strichliste: Wer bei zehn Nein-Antworten das Wort nicht geraten hat, ist verloren. Nun denken Sie sich ein langes Wort aus, zum Beispiel »Sommerferien«, und machen auf ein Blatt Papier für jeden Buchstaben einen Strich. Unser Wort hat zwölf Buchstaben, bekommt also zwölf Striche:

Galgenmännchen

– – – – – – – – – – – –

Die Mitspieler fragen: »Hat das Wort den Buchstaben E?«, und Sie setzen dreimal E ein an den dafür vorgesehenen Stellen. »Hat das Wort ein G?« Nein! Das bringt einen Strich auf der Strichliste. »Hat das Wort ein N?« Ja, es hat eins, Sie setzen es ein. Nun gewinnen entweder Sie, wenn nämlich nach zehn Neins das Wort nicht geraten wird, oder Ihre Mitspieler, die schneller draufgekommen sind.

In der gleichen Weise können Sie auch Begriffe oder Personen raten lassen, die Sie sich ausdenken. Wieder haben Ihre Gegenspieler zehn Neins frei, und Sie antworten nur mit Ja oder Nein. Sie kennen solche Spiele vom Fernsehen her; manchmal macht es auch Spaß, sie zu Hause zu spielen.

Quiz- und Zahlenspiele

Auch das Rechnen kann Spaß machen: Zahlenquiz

Zahlenquiz spielt man ebenso wie »Galgenmännchen«, doch erfordert es eine deutliche Zahlenvorstellung, wie sie erst größere Kinder haben. Hier gilt es, eine Zahl zu erraten, die kleiner ist als 50 oder 100 (je nachdem, wie Sie es festlegen), und wieder hat man nur zehn Nein-Antworten frei, wenn man nicht hängen will. Wenn die Zahl 48 ist, kann man fragen:

»Ist die Zahl kleiner als 40?« – Nein.
»Ist die Zahl durch 5 teilbar?« – Nein.
»Ist die Zahl größer als 45?« – Ja. Und so weiter.

»Böse Sieben«

Man zählt immer abwechselnd oder im Kreis herum bis 100 und dann wieder zurück bis 1, doch bei jeder Zahl mit einer 7 oder bei einer durch 7 teilbaren Zahl (wie 14, 21 und so weiter) muss man »brr« sagen. Spannend wird es in den Siebzigern: 69 – brr – brr – brr – und so weiter, bis man 80 erreicht hat. Lustig wird es, wenn die Oma oder der Opa mal nicht aufpasst! Welche »Strafe« man für Unaufmerksamkeit zahlen muss, wird Ihnen sicher einfallen.

»Gefüllter Zahlenbauch«

Wie viele Rechenaufgaben stecken im Bauch der 24, zum Beispiel 6 x 4, 28 – 4, 48 : 2 und so weiter. Das kann man mündlich spielen, doch wenn es »gerecht« zugehen soll, müssen Sie Regeln festlegen: Man schreibt in fünf Minuten so viele Aufgaben wie möglich nieder, man wählt keine Zahlen über 50, und bei der Auswertung gilt jedes Plus einen Punkt, jedes Minus zwei Punkte, jedes Malnehmen gilt drei Punkte, jedes Teilen gilt vier Punkte.

Was tun, wenn genug geschrieben und gerechnet worden ist? Legen Sie eine flotte Kassette auf, die Sie für die Kinder gekauft oder die sie mitgebracht haben, und beginnen Sie zu tanzen, das wird die Kinder mitreißen:

Tanzen macht Spaß und gute Laune

• Man kann tanzen wie ein Elefant, Storch, Bär, Frosch, wie eine Katze oder wie eine Schlange oder

• nur auf einem Zeitungsblatt tanzen, das durch Falten immer kleiner wird, das macht besonders viel Spaß.

Mal- und Zeichenspiele

Die Schulkinder kennen sich schon gut aus mit Farben, sie zeichnen und malen mit kindlichem Geschick, und viele haben auch schon das Drucken ausprobiert. Hier kommen ein paar weniger alltägliche Anregungen:

Mit Stift und Farbe kann man auch spielen

Wenn drei oder mehr Kinder beschäftigt sein wollen, stellen Sie ihnen die Aufgabe, mit verbundenen Augen zu malen, ein Schwein oder einen Elefanten oder vielleicht den Kopf der Oma. Einem Kind werden die Augen verbunden, es bekommt einen dicken Stift in die Hand und hat ein Blatt Papier vor sich, und nun zeichnet es zum Vergnügen der anderen, bis das nächste Kind an der Reihe ist.

»Blinde Künstler«

Es macht Spaß, Farbtropfen vom Pinsel aufs Papier fallen zu lassen und daraus mit dem Stift Gestalten werden zu lassen. Oder: Kinder und Große falten je einen Bogen Papier zusammen und klappen ihn wieder auf. Dann lässt man einen Farb- oder Tintenklecks in die

Klecksbilder gestalten

Mitte fallen, klappt es wieder zu und reibt darüber, sodass sich die Farbe im Innern ausbreitet. Öffnet man das Papier nun wieder, hat man eine bizarre, symmetrische Form vor sich. Wenn man sie lange genug anschaut, sieht man, dass es eigentlich ein seltsames Tier ist, ein nie gesehener Schmetterling oder das Gesicht eines Riesen, die man nur mit Stiften zu vervollständigen braucht.

Formen zu Bildern ergänzen

Und was kann man in einem Kreis mit einem Punkt darin erkennen oder in einem Dreieck, einem Viereck? Ein Gesicht natürlich oder ein Haus, aber vielleicht ist es ganz etwas anderes, der Blick auf eine runde Mütze mit Bommel in der Mitte, ein Fensterrahmen, aus dem Kinder herausschauen? Die originellste Lösung wird belohnt, deshalb strengen sich auch die Großen an, sich etwas Witziges einfallen zu lassen.

Spagettiteller

Auf dem »Spagettiteller« ist alles ineinander verschlungen. Die Teilnehmer malen je auf ein Blatt Papier zwanzig kleine Kreise und setzen die Zahlen von eins bis zwanzig darin ein, möglichst weit verstreut. Die Blätter werden ausgetauscht, nun muss man die Kreise

mit Linien verbinden, die sich nicht überschneiden dürfen. Das kann eng werden.

Für die folgende Aufgabe muss man seinen Ort in der Welt kennen. Nehmen Sie einen großen Bogen Papier, und schreiben Sie an den unteren Rand in die Mitte den Namen Ihres Enkelkindes. Nun zeichnen Sie einen dreiseitigen Kasten darum, der zur Papierkante hin offen ist, das ist der Raum, in dem Sie sich jetzt gerade befinden. Lassen Sie auf die obere Kante des Kastens »Wohnzimmer« schreiben. Darüber stülpt sich ein neuer Kasten, das ist das Haus, und Sie lassen den Straßennamen und die Hausnummer einschreiben. Der nächste Kasten ist das Dorf oder die Stadt – und wie geht es weiter? Das werden Sie zusammen herausfinden und schließlich beim Weltall ankommen.

»Wo bin ich?«

Materialbilder: Collagen, Reliefs, Mosaike, Applikationen

Materialbilder kann man buchstäblich aus allem machen, was sich noch irgendwie auf einem Papier, einer Pappe, Hartfaserplatte oder einer anderen flachen Unterlage befestigen lässt. Man spricht von Collagen, wenn die verwendeten Materialien flach sind, und von Reliefs, wenn auch »dickere« Objekte verwendet werden. Mosaike bestehen aus kleinen Steinen oder ähnlichem Material, Applikationen sind aus Stoff und Ähnlichem gefertigt. Wichtig ist, die Unterlage zweckentsprechend zu wählen. Schon dabei können Sie Ihre Fantasie spielen lassen und für mosaikähnliche Gebilde zum Beispiel die Deckel von Schuhkartons oder Dosen verwenden oder Plastikteller, Bilderrahmen, Tabletts und so weiter.

Mit den Schulkindern können Sie das Thema Materialbilder unendlich erweitern, wenn Sie gemeinsam

Entdecken Sie die vielfältigen Möglichkeiten von Materialbildern

239

einen Korb oder einen Karton für »Fundstücke« angelegt und immer mehr gefüllt haben. Je weniger flach Ihre Fundstücke sind, umso fester muss der Untergrund sein und umso solider der Klebstoff, statt Papierleim muss also Alleskleber verwendet werden oder ein Holzleim, und wenn Sie auf einem alten Tablett eine ganze Zwergenlandschaft anlegen wollen, brauchen Sie dafür Gips oder Moltofill.

Sie können gemeinsam ein Thema wählen

Themen für Materialbilder gibt es unzählige, zum Beispiel eine Jahreszeit, die Schule, eine Eisenbahnfahrt, eine Traumlandschaft oder die Großstadt, oder Sie können sich von Ihrem Material zu einem modernen »Bild ohne Titel« inspirieren lassen. Im ersten Falle müssen Sie sich vielleicht noch einmal gezielt auf die Suche machen, um Ihr Material zu vervollständigen.

Einfache Buntpapiercollagen

Wenn Sie nur mit Papier arbeiten wollen, sollten die Kinder damit beginnen, aus Zeitschriften und Katalogen Papierstückchen auszureißen (nicht zu schneiden) und sie nach Farben geordnet zurechtzulegen. Je älter die Kinder sind, umso kleinere Papierschnipsel werden sie verwenden wollen, weil sie eine feinere Gestaltung erlauben, doch können größere bunte Farbflächen, wie sie die kleineren Kinder verwenden, auch sehr reizvolle Sammelbilder ergeben. Papier ist nicht gleich Papier, man kann auch Bonbonpapier mit einarbeiten, altes Geschenkpapier, das Futter von Briefumschlägen, Briefmarken, Tortenpapier, Luftschlangen. Ein Stückchen Gold- oder Silberpapier, ein kleiner Rest Spitze können das »Tüpfelchen aufs i« abgeben. Die Schnipsel werden nun fantasievoll angeordnet und so festgeklebt.

Glückwunschcollagen

So ähnlich basteln Sie mit den Kindern auch originelle Geburtstags- oder Glückwunschkarten und -briefe oder ein Lob auf die Mama zum Muttertag. Dazu geben Sie bunt bedruckte Zeitschriften auf den Tisch und lassen die Kinder passende Wörter ausschneiden, die die guten Seiten des Geburtstagskindes herausstellen: hilfsbereit, schön, immer gut gelaunt und so weiter, dazu noch Bilder aus seiner Lebens- oder Traumwelt. Alles das wird auf eine farbige Unterlage geklebt, mit ausgeschnittenen Blümchen verziert, von einem Spitzenrand aus Tortenpapier umgeben.

Wenn Oma und Enkelkinder geschickt mit Stoffen, Nadel und Faden umgehen, können aus Stoff- und anderen Textilresten, Kordeln, Bändern, Knöpfen und Pailletten Applikationen (Stoffbilder) entstehen, die aber auch einfach geklebt sein können. Frauen in Chile und Ruanda geben in derartigen Applikationen ganze Szenen aus ihrem Alltagsleben wieder, aber auch die Arbeiten von Textilkünstlerinnen aus unserem Kulturkreis können Vorbild sein, wie überhaupt die moderne Kunst die Materialbilder inspiriert. Die besten Inspirationen werden sich die Kinder aber sicher selbst geben.

Applikationen: die Mühe lohnt sich

Größere Kinder können vieles Brauchbare selbst zusammentragen, zum Beispiel: Kronkorken, Draht, Rindenstücke, Bohnen, Beeren, getrocknete Blumen, Mak-

Vieles kann man für Materialbilder verwenden

karoni, kleine Steine, Lederstückchen, Nussschalen, Zahnstocher, Streichhölzer, Knöpfe, Muscheln, Ästchen, Alufolie, Pailletten und jedes Stückchen seltener Stoffe wie Samt, Damast, Gaze – der Fantasie sind keine Grenzen gesetzt.

Nehmen Sie sich viel Zeit für die Collagen, damit das Material die Fantasie anregen kann

Wenn die Kinder mit diesem Material ein Bild gestalten wollen, nehmen Sie sich gemeinsam viel Zeit! Zunächst wird nur experimentiert, hin- und hergeschoben, ausgewechselt, ergänzt, bis schließlich alle der Meinung sind, die gewünschte Lösung gefunden zu haben. Lassen Sie die Kinder auf den Untergrund skizzieren, wie sie sich das Bild denken, ehe das Festkleben beginnt. Solche Collagen sind nicht für die Ewigkeit gedacht, sie »altern«, weil einiges Material vergänglich ist. Geben Sie also dem, was gerade entstanden ist, einen Ehrenplatz in Ihrer Wohnung, oder bitten Sie die Eltern der Kinder, das Kunstwerk in der gleichen Weise zu behandeln.

Materialbilder im Schuhkarton

Mit dem gesammelten Material können die Kinder eine Landschaft in einen Schuhkarton hineinbauen, wenn Sie eine Längsseite entfernen. Es entsteht eine kleine Bühne, deren Rückseite man mit blauem Papier auskleben und vielleicht noch mit Bergen bemalen kann, sodass ein richtiger Hintergrund entsteht. Vielleicht sollen kleine Häuschen, Tiere und Fantasiefiguren in dieser Landschaft eine zeitweilige Heimat bekommen, eingerichtet auf einer Wiese von grünem geknüllten Seidenpapier, durch die sich ein Weg von feinem Sand schlängelt, der mit Klebstoff fixiert wurde?

Wenn die Landschaft im Schuhkarton einen Hintergrund bekommen soll, müssen Sie die Wände bis zum Boden aufschneiden, sodass die drei verbliebenen Wände flach gelegt und mit Häusern, Bergen und so weiter bemalt werden können, ehe sie wieder aufgerichtet und zusammengeklebt werden. Oder stellen Sie sich eine Stadt vor, die noch Tore erhält, eingeschnitten und zum Aufklappen! Dann brauchen Sie die vierte Wand nicht herauszuschneiden, diese Stadt wird von oben »bespielt«, kleine Autos fahren durch die Tore hinein und wieder heraus.

Gesellschaftsspiele

Je kleiner die Kinder sind, umso mehr sind sie darauf aus, dass Erwachsene die guten alten Gesellschaftsspiele mit ihnen zusammen spielen. Da die meisten Eltern sich nicht immer die Zeit dafür nehmen können, machen Sie den Kindern die Freude! Sie kommen dabei freilich zunächst in eine Zwickmühle: Wenn Sie das Kind immer gewinnen lassen, lernt es die Lektionen nicht, die bei solchen Spielen zu lernen sind, nämlich sich an Regeln zu halten und auch Niederlagen einzustecken. Wenn Sie korrekt spielen und das Kind merkt, es könnte verlieren, mag es zu mogeln versuchen, denn Niederlagen sind schmerzhaft. Gehen Sie als Oma oder Opa locker damit um, geben Sie spielerische Kommentare, oder machen Sie das »Mogel-Spiel« einfach mit, sodass es für alle etwas zu lachen gibt. Stellen Sie das Kind aber keinesfalls bloß – es braucht Zeit zu lernen, »würdevoll« zu verlieren.

Die Kinder sind glücklich, wenn man mit ihnen Gesellschaftsspiele spielt

Trösten Sie es mit »Mogeln«, dem Kartenspiel für die Kleinen. Für weniger als fünf Mitspieler genügt ein halbes Rommészpiel, die Joker bleiben im Spiel, die Karten werden gleichmäßig an alle Spieler verteilt, und ein etwaiger Rest kommt verdeckt auf den Tisch. Der jüngste Spieler beginnt, legt verdeckt eine Karte ab und sagt ihren Wert an, zum Beispiel Drei, der nächste legt eine Vier darauf und sagt sie an und so weiter. Wenn Bube, Dame, König, Ass abgelegt sind, fängt es mit der Zwei wieder an. Nun haben die Spieler vielleicht nicht immer die passende Karte, dann legen sie eine andere ab,

Beim Mogel-Spiel ist das Mogeln erlaubt

243

ohne es einzugestehen, und das geht so lange, bis ein Mitspieler Verdacht schöpft und »Gemogelt!« ruft. Dann wird die zuletzt abgelegte Karte aufgedeckt. Ist sie korrekt, muss der Spieler, der »Gemogelt!« gerufen hat, den ganzen Kartenhaufen nehmen; war die Karte gemogelt, geht der Kartenhaufen an den Mogler. Sieger ist, wer zuerst alle Karten abgelegt hat.

Das Mogel-Spiel kann man auch mit zwei Würfeln spielen

Für die gewürfelte Variante braucht man noch einen Würfelbecher und Spielgeld, zum Beispiel für jeden fünf Streichhölzer als Grundkapital. Man würfelt und stülpt den Becher auf eine Unterlage, etwa einen Bierdeckel, schaut heimlich unter den Becher und sagt die Zahl an, die man – tatsächlich oder nicht – gewürfelt hat. Die höhere Würfelzahl rechnet als Zehner, die niedrigere als Einer, eine 5 und eine 3 ergeben also 53, eine 3 und eine 2 werden zu 32. Nach Ansage der Zahl gibt man den Becher ohne aufzudecken mit den Würfeln an den nächsten Spieler weiter, der das Ergebnis des Vorgängers übertreffen muss. Auch hier kann man rufen »Gemogelt!« und verlangen, die Würfel zu sehen. Stimmt es und wurde gemogelt, erhält der Misstrauische ein Streichholz, sonst der zu Unrecht Beschuldigte.

Brettspiele

Wahrscheinlich besitzen Sie noch einige Brett- oder Gesellschaftsspiele aus der Zeit, als Ihre Kinder klein waren, wie Halma oder Mensch-ärgere-dich-nicht, sicher auch bringen die Enkel gern ihre eigenen, neuen Spiele mit. Wenn Sie darüber hinaus noch eine Spielesammlung kaufen, können Sie sicher sein, immer etwas Passendes im Haus zu haben. Denken Sie aber auch an Geschicklichkeitsspiele, wie Mikado, und vergessen Sie Memory nicht, bei dem die Kinder immer gewinnen, weil sie ein besseres Gedächtnis haben als wir. Wenn die Kinder größer sind, haben sie vielleicht auch Freude daran, Schach spielen zu lernen.

Ein Büchlein herstellen

Richtig tolle Geschenke werden aus Zeichnungen und Malereien, wenn man sie zum »Buch« zusammenfasst. Wie das Büchlein gestaltet werden soll, hängt vom Beschenkten und von den Fähigkeiten und Neigungen des Enkels ab. Viele Kinder schreiben gern Geschichten, die sie sich selbst ausdenken. Wenn sie dann auch noch illustriert werden, entsteht schon ein interessantes Buch.

Wer soll beschenkt werden, wie viel Zeit bleibt uns noch, was soll alles hinein?

Wer noch nicht schreiben kann, macht vielleicht die Illustrationen, oder Sie schreiben die Geschichten auf, die Ihnen das Enkelkind zu seinen Bildern erzählt. Bunte Papiercollagen können in das Buch mit hineingenommen werden, vielleicht auch eine Seite mit Fotos.

Und dann fügen Sie alles auf die einfachste Weise zusammen, nämlich mit dem Heftapparat – fertig ist das »Buch«! Natürlich kann es noch auf vielerlei Weise verbessert und verschönert werden, man kann ihm einen ordentlichen Deckel verpassen aus bunt bemaltem dicken Karton, der ebenso wie die anderen Blätter wird. Mit einer durch die Löcher gezogenen Kordel oder mit einem Seidenband wird alles zusammengebunden. Diese einfache Technik lässt sich unendlich verfeinern, doch das erste kleine Buch erregt bei den Herstellern wie beim Empfänger sicher den meisten Stolz.

Ein Fotoalbum mit Zukunft anlegen

Sie sitzen mit den Enkeln zusammen und schauen sich Fotos von früher an, als diese Kinder noch Babys waren, dann Urlaubsfotos vom Strand, an den sie sich noch erinnern, und aus der Kindergartenzeit. Alles das ist schon Vergangenheit geworden. Und nun die Bilder von Vater oder Mutter als Baby, im Urlaub, im Kindergarten und in der Schule, das Hochzeitsfoto der Eltern!

Wie rasch wird aus Gegenwart Vergangenheit!

Erzählen Sie Geschichten dazu, vor allem Geschichten aus der Kindheit der Eltern, auch von kleinen Unfällen und Dummheiten, die sich damals zugetragen haben. Auch Sie, Opa und Oma, waren einmal Kinder, und Ihre Geschichten sind womöglich noch interessanter, denn Sie haben in ganz anderen Zeiten gelebt. Erzählen Sie, wie Sie zur Schule gegangen sind, was für Kleider Sie damals trugen und ob Sie Zöpfe hatten – aber das sieht man ja auf den Fotos –, was es zu essen gab damals in Kriegs- und Notzeiten und womit Sie gespielt haben. Aus diesem Jungen ist Onkel Horst geworden, aus jenem Mädchen Tante Britta, deren Kinder sind Cousin Thomas, Cousine Lena …

Sie haben die beste Übersicht über den Stammbaum

Sie wünschen sich, dass die Enkelkinder auch ein wenig Bescheid wissen in der Familiengeschichte? Diese Geschichte ist offen nach vorn, in die Zukunft hinein, und sie hat Wurzeln bis in die tiefste Vergangenheit. Machen Sie sich an die Arbeit, das Interesse der Kinder zu wecken und ihren Blick in beide Richtungen zu öffnen!

Für jedes Kind ein eigenes Album

Legen Sie für jedes Enkelkind ein Fotoalbum an, das Sie gemeinsam weiterführen. Bereiten Sie es vor, indem Sie vorn ein paar Fotos von Vater und Mutter als Kind einkleben und das Hochzeitsfoto. (Es ist nicht mehr teuer, ältere Fotos abziehen zu lassen.) Nun beginnt das Leben des Kindes, seine ersten Fotos kommen in das Album, Fotos aus den vergangenen Jahren bis zum gestrigen Tag. Ab heute ist es Ihre gemeinsame Arbeit, das Album Jahr für Jahr weiterzuführen.

Wenn möglich, wählen Sie den Januar für diese Aufgabe

Lassen Sie die Kinder Fotos aus dem letzten Jahr mitbringen, geben Sie Ihre eigenen dazu, und nun wählen Sie mit jedem Kind zusammen aus, was eigentlich das Wichtigste, Schönste, Spannendste des vergangenen Jahres war und in das Album gehört. Dazu gehören sicher auch Fotos mit den Freunden, mit der Schulklasse (nicht vergessen, die Namen dazuzuschreiben!). Blicken Sie weit in die Zukunft, nämlich bis zur Volljährigkeit mit achtzehn Jahren. Dann soll das Album abgeschlossen sein und dem jungen Mann, der jungen Frau gehören – für die eigenen Kinder. Ihre Enkel werden fasziniert sein von diesem Blick in Vergangenheit und Zukunft und sich immer wieder mit dem Album beschäftigen, das sie an einem festen Platz in Ihrer Wohnung finden.

Einen Stammbaum anlegen

Blickt man in die Vergangenheit und versucht, die Familienzusammenhänge für die Kinder zu skizzieren, entsteht fast von selbst ein Baum, dessen Stamm den Namen des Kindes trägt und der sich in die Vergangenheit hinein immer weiter verzweigt. Ein Kind hat zwei Eltern, vier Großeltern, acht Urgroßeltern – das lässt sich einfach aufzeichnen. Doch wo bleiben die Onkel und Tanten, die Cousins und Cousinen, deren Platz in der Familie Sie eigentlich hatten erklären wollen? Wenn Sie die jeweiligen Geschwister mit hineinschreiben in Ihr Baumschema, wird es schnell unübersichtlich, deshalb rate ich Ihnen, für jedes Kind zwei »Bäume« zu zeichnen, einen für Vaters, einen für Mutters Familie. Dann können Sie neben Vater und Mutter auch deren Geschwister mit ihren Kindern eintragen, ebenso die Geschwister der Großeltern. Wenn Sie große Bögen dafür verwenden, gewinnen Sie Platz für kleine Anmerkungen, wie den Lebensort und das Alter der Verwandten, oder für kleine Fotos.

Mit dem Stammbaum machen Sie die Familiengeschichte fassbar

Mit größeren Kindern ins Gespräch kommen

Wenn die Kinder in die Pubertät geraten, wenn sie also ihren zehnten Geburtstag schon eine Weile hinter sich gelassen haben, wird es schwieriger, sich mit ihnen zu unterhalten. Wenn Sie das Gespräch nicht abreißen lassen wollen, versuchen Sie doch einmal den folgenden Einstieg:

In Zeichnungen und Gesprächen lernen Sie mehr von den Gedanken und Wünschen der jungen Leute kennen

Von den Träumen und Wünschen der größeren Kinder kann man einiges erfahren, wenn man sie bittet, ihre Zukunft zu malen oder eine Collage zu gestalten unter dem Titel: »Was ich in zehn Jahren tun werde« oder »Wie ich in zehn Jahren aussehen werde«. Vielleicht müssen Sie das Gleiche tun und auch ein Bild zum Thema malen, damit auch Sie Ihrem Gegenüber etwas von sich preisgeben.

Ein Zeitungsartikel kann Einstieg in ein intensives Gespräch sein

Legen Sie, wenn Sie die großen Enkel erwarten, einen Zeitungsartikel zurecht, über den Sie mit ihnen reden und zu dem Sie ihre Meinung erfahren möchten, vielleicht einen Leserbrief, der Sie erstaunt hat. Die allzu heißen Themen sollten Sie freilich nicht als Erstes in Angriff nehmen, es könnte sonst passieren, dass die Diskussion Sie mehr entzweit als zusammenbringt.

EIN PAAR GEDANKEN
ZUM SCHLUSS

Ich hoffe, dass Sie dieses Buch schon oft in die Hand genommen haben, dass es Ihnen Freude macht und hilft, Ihre Enkelkinder besser zu verstehen.

Während des Schreibens habe ich immer wieder an meine eigenen Großväter gedacht, die ich nicht kennen lernen konnte, und an meine beiden Großmütter, die nun schon lange tot sind. Zu keiner habe ich leider je ein inniges Verhältnis gehabt. Sie waren einfache alte Frauen, Frauen wie aus einer anderen Welt, die mich nicht verstanden. Pflichtschuldig besuchte ich sie, wenn meine Eltern es verlangten, und langweilte mich dort.

Ich wünsche mir, dass ich meinen Enkelkindern eine besonders gute und verständnisvolle Oma bin, dass ich sie wirklich ins Leben begleite, dass ich ihre Kindheit, eine Zeit, die nie mehr wiederkehrt, bewusst erlebe und genieße.

Unseren vielen glücklichen Enkelkindern wünsche ich, dass sie in mir und in Ihnen, liebe Leserinnen und Leser, lebenskluge, geduldige, fröhliche Großeltern finden, die ihnen lebenslange Erinnerungen mitgeben. Mein Buch soll dazu beitragen, dass Sie durch eine lebendige und tiefe Beziehung zu Ihren Enkeln und durch viele gute gemeinsame Erlebnisse einander auf die liebste Art unvergesslich werden.

Ihre Eva Meinerts

WAS TUN BEI UNFÄLLEN UND PLÖTZLICH AUFTRETENDEN KRANKHEITEN?

Die Großeltern, die mit dem Enkelkind allein im Haus sind, erschrecken, wenn es sich erbricht, Schüttelfrost oder Atemnot bekommt. Wenn die Eltern nicht erreichbar sind, werden sie an den Kinderarzt oder den Notarzt denken. Es ist gut, wenn Sie sich deren Telefonnummern notieren.

Erbrechen ist nicht immer eine Reaktion auf einen »verdorbenen Magen«, auf irgendeine falsche Speise. Es kann auch eine nervöse Reaktion auf die Veränderung der täglichen Routine sein, eine Infektion oder gar eine Vergiftung. Sie müssen das erschreckte Kind beruhigen und umziehen, den Raum säubern, das Bett neu beziehen. Geben Sie dem Kind etwas Wasser oder Tee zu trinken, bleiben Sie in seiner Nähe, und warten Sie ruhig den nächsten Morgen ab. Wahrscheinlich ist alles wieder normal, doch Sie geben dem Kind nur ein schmales Frühstück, keine Milch, sondern ein trockenes Brötchen oder Haferflockenbrei, mit Wasser gekocht und mit ein wenig Zucker, einer Prise Salz und einer Messerspitze Butter gewürzt. Zum Trinken geben Sie verdünnten Tee mit ein wenig Zucker. Wenn das Erbrechen anhält, wenn ein Unfall oder Sturz vorangegangen ist oder wenn das Kind zusätzlich noch Durchfall oder hohes Fieber hat, wenden Sie sich unbedingt an den Kinderarzt.

Durchfall kann ebenso wie das Erbrechen viele Ursachen haben. Eine beliebte »Kur« – aber nur für ältere Kinder! – besteht darin, Salzstangen zu essen und Cola zu trinken, natürlich nicht eisgekühlt; auch Bananen und geriebene Äpfel helfen, die Verdauung zu beruhigen. Wichtig ist, dass das Kind viel trinkt! In der Apo-

Im Zweifel sollten Sie lieber einen Arzt rufen, denn viele Symptome können auf schwerere, akute Erkrankungen hinweisen.

250

theke oder über den Kinderarzt kann man Ihnen ein wirksames Medikament gegen Durchfall empfehlen. Hat ein Säugling Durchfall, müssen Sie immer einen Arzt konsultieren.

Schüttelfrost und plötzlich auftretendes Fieber können eine Erkältung ankündigen. Packen Sie das Kind ins Bett, decken Sie es nur leicht zu, und geben Sie ihm viel zu trinken, etwa einen heißen Tee mit Honig. Wenn das Fieber hoch ist (ca. 39 Grad) und die Beine warm sind, beginnen Sie mit Wadenwickeln: Sie tränken zwei große Taschentücher oder Servietten in lauwarmes Wasser, wringen sie aus und wickeln sie um die Waden, darüber trockene Handtücher, und befestigen alles mit Sicherheitsnadeln. Nach einer halben Stunde wiederholen. Wenn das Fieber anhält, kann ein fiebersenkendes Mittel erforderlich sein. Sollte das Fieber bis zum nächsten Tag anhalten, rufen Sie den Arzt.

Vergiftungen können sich im Garten ereignen, zum Beispiel mit den Beeren der Maiglöckchen, oder im Haus mit verdorbenen Lebensmitteln, giftigen Flüssigkeiten, Putzmitteln, Zigaretten oder Medikamenten. Rufen Sie sofort die Giftnotrufzentrale an! Dort erhalten Sie Auskunft über die Giftigkeit von Stoffen und mögliche Gegenmittel, und man sagt Ihnen auch, was Sie selbst direkt tun können und ob Sie einen Arzt rufen müssen. Dort können Sie auch anrufen, wenn das Kind etwas gegessen hat, dessen Gefährlichkeit Sie nicht einschätzen können: **Giftnotrufzentrale Berlin 030/19240.**
Notieren Sie, was das Kind gegessen hat, wie viel und wann, oder bewahren Sie Reste der giftigen Substanz auf, wenn Sie nicht wissen, worum es sich handelt.

Atemnot, bei der das Kind plötzlich nach Luft ringt, kann von einem Fremdkörper verursacht sein, den das Kind verschluckt hat. Greifen Sie ihm schnell in den Mund, und bringen Sie heraus, was es darin hat, oder legen Sie es übers Knie, den Oberkörper nach unten, und klopfen Sie ihm kräftig auf den Rücken. Wenn der Fremdkörper nicht herauskommt, verständigen Sie sofort den Rettungsdienst.

Babys können so intensiv schreien, dass ihnen für Sekunden der Atem wegbleibt, das rote Gesicht wird plötzlich blau. Solche »Affektkrämpfe« gehen auf »Anpusten«, Ansprache oder Klopfen rasch vorüber.

Bei einem nächtlichen Hustenanfall kann ein kaltes Getränk, frische Luft oder die feuchte Luft im Badezimmer helfen, wenn Sie die heiße Dusche öffnen. Bewährt hat sich auch das Aufhängen nasser Tücher zum Befeuchten der Raumluft im Schlafzimmer.

Kleine Wunden und Blessuren. Bei kleinen Schrammen und Blessuren helfen Sie dem Kind, über den Schreck hinwegzukommen, indem Sie pusten und es beruhigen. Oberflächliche Schürf- oder Schnittwunden soll man reinigen, desinfizieren und eventuell verbinden. Zum Reinigen halten Sie die Wunde unter kaltes fließendes Wasser, dann tupfen Sie sie mit einem sauberen Lappen trocken und tragen eins der neuartigen Jodersatzmittel auf, die nur ganz wenig brennen; erkundigen Sie sich beim Arzt oder in der Apotheke nach einem geeigneten Mittel. Ein Pflaster ist nur nötig, wenn die Wunde geschützt werden muss. Wählen Sie es groß genug, sodass das Mullkissen die Wunde bedeckt. Erkundigen Sie sich, am besten vor der Betreuung, ob das Kind einen ausreichenden Tetanusinfektschutz hat.

Größere oder stark blutende Wunden, Platzwunden und Wunden im Gesicht, die Narben hinterlassen können, muss der Arzt versorgen.

Verbrennungen kühlen Sie, indem Sie kaltes Wasser über die Haut laufen lassen oder den Körperteil in kaltes Wasser tauchen, und zwar mindestens zehn Minuten lang. Am besten ist es, gar nichts auf die Wunde zu tun, und im Zweifel gehen Sie zum Kinderarzt.

Kopfverletzungen wie nach Stürzen oder Schlägen können äußerlich unsichtbar sein und doch ärztliche Behandlung erfordern. Beobachten Sie das Verhalten des Kindes: Wenn es schläfrig wirkt, sich erbricht, sich ungewöhnlich verhält oder über Kopfschmerzen klagt, bringen Sie es in jedem Fall zum Arzt.

Insektenstiche in Mund oder Hals können sehr gefährlich werden, weil sie eine Schwellung bewirken und zu Atemnot führen können. Kühlen Sie von innen und außen, mit einem kalten Halswickel und mit Eis oder Eiswürfeln, die Sie dem Kind zum Lutschen geben. Immer häufiger treten auch allergische Schockreaktionen nach Insektenstichen auf (Gesichtsrötungen, Ausschlag, Atemnot, Bewusstseinstrübungen). In einem solchen Fall sofort den Arzt rufen!

Elektrischer Schlag kann auch Sie gefährden, wenn Sie ungeschützt nach dem betroffenen Kind greifen. Benutzen Sie einen hölzernen Kochlöffel oder hölzernen Stuhl, um das Kind von der Stromquelle zu trennen. Schalten Sie sofort den Strom ab, oder drehen Sie die Sicherungen heraus. Verbrennungen, Schock, Atemnot muss ein Arzt behandeln. Sprechen Sie bitte unbedingt mit dem Arzt, auch wenn keine äußeren Verletzungen zu erkennen sind. (Stromschläge können Herzrhythmusstörungen zur Folge haben.)

Der Rettungsdienst bietet bei einem schweren Unfall oder Notfall die beste Versorgung! Wenn Sie das Kind in Ihr Auto packen und sich auf die Suche nach einem Arzt machen, vergeht kostbare Zeit! Auch wenn die Minuten des Wartens auf den Krankenwagen qualvoll sind, so ist das Kind dann doch sofort in der Obhut von gut ausgebildeten Helfern und damit schneller und besser versorgt, als wenn Sie versuchen, den Transport selbst zu übernehmen.

LITERATURHINWEISE
Bücher, die weiterhelfen

Ratgeber für Eltern und andere interessierte Erwachsene
Steve Biddulph: Das Geheimnis glücklicher Kinder, Heyne Verlag
Marion Küstenmacher: Simplify your life. Mit Kindern einfacher und glücklicher leben, Campus Verlag
Remo H. Largo: Babyjahre, Piper Verlag
Remo H. Largo, Monika Czernin: Jugendjahre, Piper Verlag
Cornelia Nitsch, Gerald Hüther: Kinder gezielt fördern, Graefe und Unzer Verlag
Cornelia Nitsch: Pubertät? – Kein Grund zur Panik, Goldmann Verlag
Jan-Uwe Rogge: Das neue Kinder brauchen Grenzen, rororo

Kindersachbücher
100 spannende Experimente für Kinder, Bassermann Verlag
Duden: Kennst Du das?, Tiere, Bibliographisches Institut
Erstaunliche Experimente, Bassermann Verlag
Im Wald – Tiere und Pflanzen erkennen und bestimmen, Schwager und Steinlein
Michel Luchesi: Blumentopf und Gartenschere – 50 Tricks für ein grünes Paradies, Velber Buchverlag
Hans Jürgen Press: Spiel, das Wissen schafft, Ravensburger Buchverlag
Spannende Experimente, Ravensburger Buchverlag

Kinderbeschäftigung
Sabine Lohf, Regina Bestle-Körfer, Annemarie Stollenwerk: Komm, wir gehen raus – Mit Kindern aktiv sein, Kösel Verlag
Eva Sommer, Tanja Wechs, Sabine Koch, Rena Cornelia Lange: Basteln mit den Allerkleinsten, frechverlag
Ulrich Steen: Kinderspiele, Bassermann Verlag
Gisela Walter: Von Kindern selbstgemacht, Ökotopia Verlag

Spaß in der Küche
Monika Arndt, Ingmar Gregorzewski: Das Ravensburger Kochbuch für Kinder, Ravensburger Buchverlag
Barbara Rüttings Koch- und Spielbuch für Kinder, Mary Hahn Verlag
Annabel Karmel: Mein allererstes Kochbuch, Dorling Kindersley Verlag
Kochen und Backen mit der Maus, Verlag Zabert Sandmann

REGISTER